LUCRO/ CERT/O

CARO LEITOR,
Queremos saber sua opinião sobre nossos livros.
Após a leitura, curta-nos no facebook/editoragentebr,
siga-nos no Twitter @EditoraGente e no Instagram @editoragente
e visite-nos no site www.editoragente.com.br.

Cadastre-se e contribua com sugestões, críticas ou elogios.
Boa leitura! #LivrosFazendoGente

Sulivan França

LUCRO/CERTO

Como ter foco e disciplina para obter os melhores resultados em pequenos e médios negócios

Gente
editora

Diretora
Rosely Boschini

Gerente Editorial
Rosângela de Araujo Pinheiro Barbosa

Assistente Editorial
Franciane Batagin Ribeiro

Analista de Produção Editorial
Karina Groschitz

Controle de Produção
Fábio Esteves

Preparação
Elisa Martins

Projeto Gráfico e Diagramação
Join Bureau

Revisão
Andréa Bruno

Capa
Bruno Ortega

Impressão
Gráfica Rettec

Rua Wisard, 305 – sala 53
São Paulo, SP – CEP 05434-080
Telefone: (11) 3670-2500
Site: www.editoragente.com.br
E-mail: gente@editoragente.com.br

Dados Internacionais de Catalogação na Publicação (CIP)
Angélica Ilacqua CRB-8/7057

França, Sulivan
Lucro certo: como ter foco e disciplina para obter os melhores resultados em pequenos e médios negócios / Sulivan França. – São Paulo: Editora Gente, 2018.
192 p.

ISBN 978-85-452-0280-6

1. Sucesso nos negócios 2. Administração de empresas 3. Empreendedorismo I. Título

18-1589 CDD 650.1

Índices para catálogo sistemático:
1. Sucesso nos negócios

SUMÁRIO

INTRODUÇÃO

A jornada do empreendedor

Embora não se conheçam, Rui, Jairo e Mariana têm muito em comum. Em determinado momento da vida de cada um, eles mudaram sua trajetória profissional e optaram por virar donos do próprio negócio. E, muito embora cada um deles tenha se tornado empreendedor por razões diferentes, os três vêm encontrando dificuldades para conduzir suas pequenas empresas.

Segundo dados de 2017 da pesquisa Global Entrepreneurship Monitor (GEM),[1] coordenada pelo Instituto Brasileiro da Qualidade

---

[1] Empreendedorismo no Brasil – Relatório executivo 2017. Disponível em: <http://www.sebrae.com.br/Sebrae/Portal%20Sebrae/Anexos/Relat%C3%B3rio%20Executivo%20BRASIL_web.pdf>. Acesso em: 18 jun. 2018.

e Produtividade (IBQP), 36,4% dos brasileiros com idade entre 18 e 64 anos conduziam algum tipo de atividade empreendedora, fosse na criação ou no aprimoramento de um novo negócio ou na manutenção de algo já estabelecido. Isso significa um contingente de quase 50 milhões de empreendedores espalhados pelo país. Muitos deles com desafios idênticos aos de Rui, Jairo e Mariana. Deixe-me apresentá-los melhor.

Novo empreendedor

Engenheiro por formação, o carioca Rui montou há alguns meses uma lanchonete no ponto comercial que é de sua família há várias gerações, em um bairro central da cidade do Rio de Janeiro. Ele, que sempre se deu bem criando projetos para os outros, enxergou a ocasião de empreender, algo que sempre esteve em seu radar. Agora, Rui espera que todo o talento que lhe rendeu reconhecimento na área da engenharia também seja válido na nova carreira.

De acordo com especialistas, são considerados empreendedores por oportunidade aqueles que iniciam o negócio ao perceberem uma chance no ambiente. Contudo, embora a escolha dos detalhes que integram o espaço de sua lanchonete tenha dado imenso prazer a Rui, no dia a dia da nova rotina começaram a brotar dúvidas e desafios. Acostumado com cálculos complexos, o engenheiro tem "sapateado" para se adaptar aos obstáculos na lanchonete, como lidar com clientes e funcionários.

Por lidar com alimentação, ele passou a ficar meio paranoico com a validade de tudo o que serve ao público. Tem pegado no pé de sua equipe, pedindo atenção redobrada, triplicada, multiplicada por mil com relação aos rótulos de cada coisa que sai de sua cozinha. Passou a temer que uma fiscalização possa resultar numa multa caso algo inadequado seja detectado. Seu grande receio é de que uma eventual autuação desestabilize as contas e faça seu comércio quebrar. Esse, porém, é apenas um dos muitos pontos a tirar a tranquilidade de Rui.

Patrão por necessidade

Quando o paranaense Jairo ficou desempregado, depois de décadas de atuação na indústria automotiva, primeiro tentou se recolocar. No entanto, logo percebeu que a área em que trabalhava havia mudado muito nos últimos anos. Depois de receber alguns nãos, se viu sem uma opção consistente para o sustento da família. Diante disso, resolveu buscar meios de ser o próprio patrão. Com o dinheiro da rescisão, montou uma pequena loja de produtos de limpeza no bairro onde mora.

Para as estatísticas, ele representa o que especialistas chamam de empreendedor por necessidade. Trata-se daquele que começa o negócio pela falta de alternativas de ocupação e para gerar renda. Algo que costuma crescer em épocas de crise. No Brasil, em 2014, a proporção de empreendedores por necessidade era de 29% do total e, em 2015, saltou para 43%.

A nova rotina, porém, não tem sido fácil para Jairo. Desde que ocorreu a guinada em sua vida profissional, ele vem se sentindo inseguro. Na verdade, se pudesse fazer uma confissão, diria que nem sabe por onde começar. Atualmente, seu maior desejo é que alguém surja de repente diante dele e lhe dê uma receita para tocar a lojinha. Se topasse com um gênio saído de uma lâmpada mágica, como nos livros ou no cinema, certamente esse seria o seu primeiro pedido.

Desafios do crescimento

Já a clínica de estética e salão de beleza da alagoana Mariana teve início na garagem de sua residência, na litorânea e turística Maceió. Depois de três anos de intensa dedicação, veio a decisão de ampliar o espaço que também ganhou um novo endereço, agora na área mais valorizada da cidade. Mariana, que batalhou muito como manicure e cabeleireira, sempre desejou ter o próprio salão. Acredita que nasceu para empreender e administrar muitas coisas ao mesmo tempo, como exige uma empreitada desse tipo.

No balanço de seus primeiros anos empreendendo, observou que diversas coisas saíram como ela havia imaginado. Porém, desde a expansão do salão de beleza vem lidando com algumas dúvidas naturais do crescimento. Um exemplo disso: por vezes Mariana se pega distraída, pensando se foi acertada a escolha da prima Érica para a função de gerente da clínica. Como a parente estava desempregada e havia se formado em administração, imaginou que a ideia seria perfeita.

Na prática, entretanto, Érica tem se mostrado pouco estratégica e, convenhamos, até desleixada. Mariana, que sempre que tem um tempinho busca estudar para se aprimorar, preferiria que sua prima-gerente tivesse cabeça de dona. Agora se vê numa saia justa: sabe que precisa tomar uma atitude para seu sonho profissional não naufragar, mas teme magoar familiares, caso decida demitir Érica.

E o que este livro tem a ver com tudo isso?

A solução para os dilemas descritos até aqui e para muitos outros que atormentam os empreendedores passa pelo desenvolvimento da capacidade de gestão da influência positiva focada em resultado. Isso significa que a sua gestão (ou a de Rui, Jairo e Mariana) tem de ser marcada por um fator positivo que seja gerado pelos seus comportamentos, pelo seu estilo. E isso deve ser fundamental para que todas as suas ações gerem o resultado esperado. Dou um exemplo: você precisa entender onde potencializa aquilo em que é bom, onde rende mais, onde sua performance é melhor.

Existem quatro dimensões relacionadas ao perfil comportamental de cada indivíduo. No decorrer deste livro, mostrarei como conhecer melhor essas ferramentas e como utilizá-las para descobrir quem você é e aonde quer chegar. Tenha sempre em mente que ser empreendedor é um comportamento, não um ato. A pessoa só é empreendedora quando coloca alguma ideia em prática, transformando-a de fato em um negócio.

Imagino que agora você deve estar se perguntando: como fazer isso?

A resposta: com metodologia.

Primeiro é necessário desenvolver o seu estilo empreendedor. Para isso, porém, antes você deve entender seu estilo e o do outro (não só o dos seus funcionários, mas o de clientes, fornecedores e parceiros, por exemplo). Também terá de aprender a perceber sinais rapidamente, como aqueles relacionados aos integrantes da sua equipe.

A capacidade de entender comportamentos lhe permitirá saber ler os sinais e consequentemente conseguir colocar as pessoas certas nas posições adequadas dentro da sua empresa. Aprender como se comunicar com diferentes estilos também é outro ponto fundamental. Daí a importância de conhecer os fatores motivadores de cada um. Em resumo, é preciso conhecer o seu cliente e saber quais são as "dores" dele. Somente assim você saberá qual é o "medicamento" mais indicado para cada caso.

E uma coisa posso lhe garantir: fazendo o que é descrito neste livro, o seu lucro será certo. E, seguramente, você terá tranquilidade para tocar o seu negócio e fazê-lo crescer correndo riscos calculados.

E aí, quer encarar o desafio? Então, prepare-se: os próximos capítulos estão recheados de técnicas e estratégias para iniciar a sua mudança. Vamos nessa?

Capítulo 1

Desafios para empreender

Já começamos a falar um pouco das dificuldades que têm tirado o sossego de nossos três personagens empreendedores. Existem, porém, muitos outros obstáculos enfrentados individualmente por eles no seu dia a dia. Vale a pena mergulhar e explorar com atenção outras adversidades que incomodam o trio. Afinal, muito daquilo que os aborrece também pode estar deixando você, empreendedor, com insônia.

Por exemplo, quando decidiu abrir sua lanchonete, o engenheiro Rui queria criar um lugar que fosse a "sua cara". Com sua experiência profissional, conseguir o que almejava foi fácil.

A decoração, a iluminação e o conforto do seu ponto comercial são sempre elogiados por todos: parentes, amigos e clientes.

Em paralelo, porém, Rui tem se debatido com dilemas comuns a muitos empreendedores. Ele não sabe, por exemplo, como aumentar o faturamento e a estrutura da lanchonete sem aumentar custos. Nesse caso, será que é melhor buscar algum tipo de formação em administração ou gestão de contas? Ou terceirizar essa área é a melhor solução? São muitas as incertezas. No entanto, de uma coisa ele está convicto: elogios ao seu bom gosto não vão pagar as contas no final do mês.

Ele também tem tentado a todo custo escapar do operacional, pois teme ficar preso nisso sem conseguir pensar na empresa. Nesses momentos, porém, Rui sempre fica em dúvida se o melhor é ele mesmo pôr a mão na massa ou se é preferível dar alguns passos para trás e, assim, enxergar o todo.

Lidar com os recursos humanos é um desafio adicional para o nosso engenheiro-empreendedor. Rui não esconde de ninguém que não faz ideia de como contratar a pessoa certa. "Será que preciso investir e ter noções de RH?", ele pergunta aos amigos. Ou, mais uma vez, seria mais estratégico contratar terceiros para essa tarefa?

Pior ainda: como tem o coração mole, Rui também não sabe como mandar embora alguém de quem gosta. Ele tem consciência de que precisa ser assertivo nessas horas, mas como? Rui adoraria saber o que levar em conta em sua tomada de decisão. Aliás, ele daria uma semana de almoço grátis a quem lhe ensinasse a alcançar equilíbrio entre o seu lado racional e o emocional.

Somado a tudo isso, não contribuiu em nada o fato de uma unidade da maior rede de *fast-food* do mundo começar a funcionar bem diante de seu estabelecimento. Do que Rui talvez nem desconfie é que, muito embora seu maior concorrente esteja do outro lado da rua, seu maior desafio será vencer seu oponente interno: os medos e bloqueios na própria mente.

As profundas olheiras de Jairo

Os muitos anos vividos na indústria deram a Jairo disciplina e paciência para buscar a resolução de problemas. À frente de sua loja de produtos de limpeza, entretanto, não tem sido incomum que ele sinta medo de não conseguir cumprir prazos ou não atender a clientela. Em um pesadelo recorrente, ele está em pânico, pois perde, um a um, todos os fregueses. Acorda assustado e não consegue mais pregar o olho.

"O que devo fazer para cativar meus consumidores?", pensa ele de modo repetitivo durante as frequentes noites em claro. Uma das coisas que Jairo precisa saber o quanto antes é quais são os principais erros que podem fazer alguém perder espaço no mercado. Enquanto não dominar esse assunto, vai seguir atendendo o público com olheiras cada vez mais marcadas. E bocejando vez por outra.

Por ver Jairo aflito, a família dele tem feito o que pode para apoiá-lo. Sua mulher já percebeu que ele tem estado muito angustiado e que vem comendo mal, por passar tantas horas dedicado ao novo negócio. O marido, porém, não se abre e evita falar de seus temores em casa. Um deles é justamente ser abandonado pela mulher e os filhos por não ter tempo para eles, como antes, na época do trabalho na indústria.

Ao decidir abrir a loja, ele não fazia ideia de que seria fundamental saber como separar a vida pessoal da profissional. Jairo vive o dilema de muitos empreendedores: onde termina a pessoa física e começa a jurídica? Ou vice-versa. Ainda quando o assunto é família *versus*

O maior desafio será vencer
seus oponentes internos:
os medos e bloqueios na própria mente.

trabalho, o nosso novo empreendedor tem medo de ser cobrado pela mulher e pelos filhos para ter tempo para viajar ou tirar férias.

O que ele se pergunta é: "Afinal, empreender é uma atividade a ser feita durante 24 horas por dia e 7 dias por semana?". Jairo não sabe quando é necessário descansar, estar com a família, recarregar as baterias... Para qualquer empreendedor, porém, o desafio é como fazer isso na dose ideal. Ocorre que, para sair de férias, Jairo teria de deixar alguém cuidando da lojinha. No entanto, no dia a dia, o funcionário que o empreendedor contratou e que deveria ajudá-lo não faz o que é preciso. O resultado é que ele sente como se tivesse de fazer tudo sozinho.

Daí nascem outros questionamentos na cabeça do nosso amigo: "Como devo orientar um funcionário?". No limite, ele não desconsidera nem mesmo uma atitude mais radical para salvar o negócio: mandar o "ajudante" embora. Contudo, como avaliar quando é preciso demitir alguém que não está cumprindo com suas tarefas?

As incertezas de Mariana

Assim como Jairo, Mariana vem enfrentando dificuldades para equilibrar a rotina profissional e o período passado com a família. Com a recente expansão do negócio, naturalmente, o tempo de Mariana para os filhos e o marido encolheu ainda mais. Diante disso, por exemplo, veio o receio de perder os eventos escolares das crianças por causa dos compromissos de empreendedora.

Apesar de não se manifestar abertamente, o marido de Mariana tem dado sinais de estar incomodado com a nova rotina da companheira. Na verdade, há algum tempo ele chegou a dizer que era contra a ampliação, mas Mariana bateu o pé e defendeu a ideia de que era o momento de fazer o negócio crescer. Tal enfrentamento, porém, não ocorreu sem certo desgaste entre o casal.

Na época, ela até pediu conselhos à melhor amiga, que é psicóloga: "Quando vale gastar energia e quando é melhor preservá-la?", perguntou, preocupada. Não bastassem tais questões, Mariana ainda tem vivido algo inédito desde que começou a trabalhar por conta própria. No novo endereço, a empreendedora passou a faturar mais, porém não tem visto o dinheiro sobrar.

Do que ela não faz ideia é de como alcançar o equilíbrio entre lucro, reinvestimento no negócio e o seu "salário" como empreendedora. Não faltam incertezas. Com a mudança de local, surgiu o custo do aluguel do salão, que antes não existia. Em consequência, a empreendedora tem notado que as contas atrasadas se acumulam. Nessa incômoda realidade, ela tem usado uma tática que está longe de fazê-la feliz: escolher uma das contas para pagar e "esquecer" as outras. Ou seja, aprender a gerir dívidas é uma das habilidades que nossa personagem precisa adquirir urgentemente.

Mariana tem um palpite sobre as razões por trás de muitos desses problemas recentes. Na garagem de casa, no bairro onde cresceu, ela tinha uma clientela fiel. No bairro nobre, porém, os custos subiram, mas não vieram acompanhados de clientes na proporção esperada por Mariana. O desafio dela é fazer com que os consumidores da nova região percebam o valor do seu serviço. Mas como saber precificar e convencer a clientela dos benefícios de seu negócio?

O que Rui, Jairo e Mariana precisam saber?

Por serem apaixonados pelo próprio negócio, muitos empresários e empreendedores, como Rui, Jairo e Mariana, ficam cegos e não veem os problemas relacionados às suas escolhas. Na verdade, eles precisam amar o que fazem, mas sem viver uma paixão cega. É necessário ver a atividade com olhar crítico e discutir quando necessário. Infelizmente, muitos ficam apegados e, com isso, não enxergam o que não vai bem.

Outra questão relativamente comum para muitos empreendimentos é a falta de coerência entre a proposta de negócio e a apresentação dele para o cliente. Imagine uma loja de roupas finas, cuja decoração se pareça com a de um brechó. A pessoa que entrar no local à procura de um produto usado provavelmente ficará desapontada ao ver apenas itens de grife. Já quem procura por peças de butique talvez se decepcione com a "cara" do local e acabe nem comprando.

Em paralelo, muita gente não sabe a diferença entre ser empreendedor e ser empresário. Enquanto o primeiro tem apenas ideias, ele não consegue ganhar dinheiro por não se tornar um empresário, ou seja, infelizmente não é alguém capaz de pensar estrategicamente para transformar um conceito em algo que as pessoas comprem.

Arregace as mangas e faça a lição de casa

Além de identificar seu estilo, que citamos na introdução deste livro, o empreendedor também deve fazer o que chamo de lição de casa. Um exemplo simples: sonho e propósito que não pagam a conta não têm validade. É vital que você compreenda a diferença entre ter uma ideia e ter um negócio. Aprofundar-se e conhecer as demandas da área onde você decidiu atuar também fazem parte das tarefas básicas.

Além disso, muitas vezes é preciso comprar ou desenvolver a inteligência que você não tem. Nesse sentido, dou um exemplo para ficar mais fácil de entender: se você sabe que não é bom em números, contrate quem saiba fazer isso. Uma decisão assim, no entanto, deve levar em conta uma relação entre custo e benefício. Avalie sua capacidade financeira para cada investimento frente à necessidade de fazer algum movimento em seu negócio. Planeje, planeje e planeje. Planeje bem e planeje sempre.

Até aqui, está simples ou complexo para você? Independentemente da sua resposta, saiba desde já que são muitos os pontos que devem receber a atenção de quem pretende empreender. Um item que sempre enfatizo é a importância de ter foco, disciplina e capacidade de execução. Falando assim, pode até soar como algo óbvio para muitos. Na prática, no entanto, não faltam casos de fracassos de quem, na hora de agir, não conseguiu manter o rumo até atingir o seu objetivo final. Para conseguir isso, como veremos mais adiante, você terá de desenvolver sua fortaleza mental.

Para chegar ao lucro certo, a trilha envolve entender de faturamento, saber vender e apresentar corretamente o produto e ainda fazer os cálculos de maneira precisa. Senão a sua conta não vai fechar.

Ressalto ainda que, para fazer um negócio dar certo, muitas vezes você terá de praticar a arte do desapego. Isso significa deixar de lado atividades que não dão resultado e só consomem seus investimentos. Ou se afastar de premissas que não vão funcionar na prática e até reavaliar o amor que você tem pelas próprias criaturas e por paradigmas ultrapassados. Para conseguir isso, acredite, será preciso ter coragem de fazer o que deve ser feito e tomar as atitudes necessárias.

O craque e a cobrança

O que a sua vida de empreendedor tem a ver com futebol? Mais do que você pode imaginar em um primeiro momento. Em uma cobrança de pênalti decisivo numa partida de futebol, quanto mais famoso for o batedor, maior será a repercussão caso ele não converta o gol. Na Copa da Rússia, em 2018, o argentino Messi, o português Cristiano Ronaldo e o croata Modrić viveram isso ao verem suas cobranças pararem nas mãos dos goleiros adversários. Enquanto Messi e Cristiano Ronaldo são considerados os melhores do mundo, Modrić foi eleito o melhor dessa Copa.

Numa situação como essa, ninguém diz que o goleiro pegou, mas que o craque perdeu. Porque a cobrança existente quando alguém é famoso é diferente. Fosse qualquer outro jogador do time, o pênalti perdido não teria tido a mesma repercussão. Acostumado ao sucesso, o craque se vê ao menos momentaneamente questionado pelos torcedores que o veneram. Com todos os olhos em cima de si, mas dessa vez carregados de desconfiança. Em vez dos aplausos de costume, o silêncio ou as críticas.

Coisa similar ocorre quando falamos de um empreendedor. Quando tudo dá certo, a família aplaude, os colegas saúdam, tudo é lindo e maravilhoso. Trata-se de algo muito comum de ocorrer. Ele é classificado por quem está de fora do negócio como um gênio – inovador, criativo, o melhor do mundo. Um Messi, um Cristiano Ronaldo, um Modrić dos negócios. Quando, porém, o empreendedor erra em alguma coisa, rapidamente se transforma aos olhos dos outros no

Para fazer um negócio dar certo, muitas vezes você terá de praticar a arte do desapego.

teimoso, vaidoso, louco, cabeça-dura, egocêntrico ou inconsequente. Aquelas pessoas que diziam ser as que mais acreditavam em você passam a duvidar. E as críticas vêm dos funcionários, dos concorrentes, da mídia, de colaboradores de alto ou baixo escalão, de pessoas de confiança, de familiares, da mulher, dos filhos. O empreendedor sofre a pressão.

Já vivi isso na pele e tive contato com centenas de empreendedores que também passaram por algo parecido. Pessoas que me falaram: "Enquanto o meu negócio ia bem, parecia que todo mundo estava a favor. Quando deu uma baixa, parece que todo mundo ficou contra". E eu costumo dizer: "Não *parece*, realmente ficou". Porque eles não têm a clareza, o potencial, a capacidade e a competência que você tem. Se eles tivessem, seriam seus concorrentes.

Isso sem contar que o mau resultado pode ter sido reflexo, por exemplo, de uma oscilação de mercado – que é normal para qualquer tipo de negócio –, e não fruto de um erro do empreendedor. No entanto, isso não vai evitar que ele seja crucificado pelas pessoas. E, nesse momento, para manter a autoconfiança e a motivação, é preciso ter muito discernimento e clareza do potencial do seu produto ou serviço, do seu negócio. Você precisa ainda saber de tudo o que permeia o negócio de maneira muito clara. E, principalmente, ter a visão de suas competências e habilidades e do seu potencial. Nesse momento, não importa que o mundo esteja contra, você terá a certeza do que está fazendo. Terá clareza de quem está envolvido no negócio e do que é seu produto. Assim, mesmo quando todos forem contra, quando mesmo aqueles com quem você mais contava virarem as costas, você literalmente bancará a sua ideia e o seu negócio. Esse é o recado que tem de ser dado.

Porque, com isso, você tira a crença de que "empreendedor é teimoso". Não se trata de teimosia, mas de alguém que tem certeza do que está fazendo. Há uma grande distância entre a teimosia e a certeza. O empreendedor deve saber o que faz. E ser persistente. Contudo, observe: deve ser uma certeza com base em dados, em fatos. Não uma teima. As pessoas que são bem-sucedidas e que deram certo não conseguiram chegar aos lugares em que estão sendo teimosas e batendo de frente com o mundo. Por exemplo, existe aquele pensamento: "Não importa o que digam, acredite no seu sonho", mas sabemos que infelizmente não é bem assim. "Não importa o que digam, acredite no seu sonho, desde que ele tenha sido traduzido para um planejamento que mostre que é capaz de ser executado."

Flexibilidade e capacidade de recuperação

Outra coisa que o empreendedor precisa sempre ter em mente é que os cenários se alteram. Aquela ideia que você teve podia fazer sentido na época, mas, dependendo das mudanças ao redor, talvez agora precise ser adaptada. E o gestor deve ser flexível para conseguir fazer as mudanças de rota e perceber quando isso é necessário. E também como deve ser feito. E, mais uma vez, talvez aqui, ao realizar mudanças, as pessoas o chamem de louco, vaidoso etc. Quem gosta de criticar não costuma perder a chance.

Não que o empreendedor não erre. Erra, pois, como qualquer ser humano, é passível disso. No entanto, ele também tem uma capacidade de recuperação acima da média. E isso se baseia na sua competência, no seu potencial e no conhecimento que ele tem do próprio negócio. E aqui não me refiro a *know-how*, mas a conhecimento externo. Trata-se de uma capacidade de visão sistêmica. Ele consegue analisar tudo o que ocorre a sua volta. E tem até uma aptidão para analisar cenários futuros. Será que o que planejo para o meu negócio estará rendendo o mesmo para mim daqui a cinco anos? Ou renderá mais? Ou menos?

Conheça o seu valor

Se eu puder lhe dar um conselho: esteja preparado para lidar com a ingratidão. Você precisa ter um poder de absorção de alguns golpes que certamente virão. E muitas vezes de pessoas que, até a semana anterior, quando as coisas iam bem, o "idolatravam". E o empreendedor costuma sofrer essa ingratidão no momento em que mais precisa dos outros. Você tem de estar preparado para isso. Se algo der errado, as pessoas vão deixá-lo sozinho. Tenha certeza da sua capacidade, do seu potencial. Certeza de que você não é uma farsa. Conheça o valor que você tem. Tenha em mente que já fez aquilo uma vez e fará de novo.

Esse é o momento de sentar e refletir sobre tudo que você já fez para que o negócio desse certo da primeira vez e como pode trazer toda essa estratégia à tona novamente. E, ao revisitar essas táticas, verificar o que cabe e o que não cabe nos dias de hoje. Ou o que pode ser aperfeiçoado, improvisado, adaptado, modificado, ajustado, reinventado... e fazer a coisa acontecer.

Hora de viajar

Como foi visto até aqui, em uma pequena amostra, não são poucos os obstáculos diante de alguém que decide empreender. Seja por oportunidade (como Rui), por necessidade (como Jairo), ou por desejo (como Mariana). Todos precisam saber quais são suas "dores", assim como ter em mente quais ferramentas devem usar para lidar com clientes, funcionários e concorrentes, entre outros.

A partir do próximo capítulo, começaremos a explorar detalhadamente cada uma das dúvidas e inseguranças dos nossos três amigos empreendedores. Para que Rui, Jairo, Mariana e qualquer pessoa que deseje ter o próprio negócio não percam noites de sono nem tranquilidade. Para que possam usufruir do tempo ao lado da família sem receio de que se ausentar do trabalho coloque tudo em risco. A jornada deles promete. E certamente nossa viagem também será útil para que você, empreendedor, deixe as incertezas para trás e avance em direção ao sucesso. Preparado? Então, embarque, coloque o cinto e venha conosco!

Capítulo 2

Em busca de um caminho

Agora que já conhecemos as incertezas que pairam no coração e na mente de nossos personagens, podemos avançar. Vamos colocar uma lupa sobre cada dúvida e, assim, analisar as alternativas possíveis para quem está à procura de uma trilha que leve rumo ao lucro certo. Comecemos por aquele que se viu desempregado e, por não ter escolha, decidiu empreender.

Desde criança, Jairo ama carros. Em sua pequena cidade, no norte do Paraná, olhava os poucos veículos dos moradores com bastante curiosidade. O pai, sempre que podia, comprava para o filho uma famosa revista que trazia tudo sobre automóveis. O menino ficava por horas ali, olhando as fotografias. Quando, ainda jovem, foi trabalhar numa fábrica de carros, era como se seu sonho tivesse ganhado vida. Porém, décadas depois, já demitido da linha de montagem, onde foi substituído por robôs, ele se pega pensando na vida. Na pequena loja que montou como meio de pagar as contas e sustentar a família, Jairo tenta se reinventar. Mas por onde começar? Quais são os primeiros passos?

O que Jairo e qualquer gestor precisa ter em mente é que, embora as pessoas queiram uma receita de bolo, isso simplesmente não existe. Há, porém, algo que é padrão para firmar qualquer empreendimento: a estrutura básica de saber "quem é o seu cliente", "qual o mercado que você vai atender", "quanto o seu cliente está disposto a pagar" e "o que o seu cliente valoriza".

Trata-se de conceitos elementares de estruturação de negócio, mas que muita gente em geral não faz. E é isso que precisa ser levantado por qualquer um antes de começar a empreender. Não é uma receita de bolo; é um padrão. E um padrão universal com base nos aspectos mencionados acima. Se formos dividir em pilares, acredito que os principais são:

- Qual valor o meu cliente vê no meu produto?
- Quanto ele está disposto a pagar pelo meu produto?
- Quem é o meu cliente?
- Qual é o perfil do meu cliente?

E, quando falamos de perfil, por exemplo, devemos partir para diversos aspectos, como gênero, idade, grau de escolaridade etc. Tais informações do cliente precisam ser conhecidas e entendidas pelo gestor. Outro pilar importante é a região onde o negócio está localizado e, a partir disso, o estabelecimento de uma análise de mercado. "Quem são os meus concorrentes e o que eles fazem?"

O que o cliente quer

Por vezes, Jairo sente como se todo o conhecimento adquirido nos anos passados na indústria não tivesse utilidade alguma para a sua "nova vida" de empreendedor. Para ele, é mais fácil operar qualquer sistema complexo do que entender a cabeça desse tal de cliente. Pior, sabe que tem de tratá-lo bem, mas "como tratar bem alguém que não se entende?". Pobre Jairo.

Sempre digo que o cliente tem uma expectativa sobre o que ele comprou, o que levou para casa. Se estiver bem alinhada com o que falamos antes, a estruturação do negócio, essa expectativa faz com que o gestor saiba exatamente o que o seu cliente valoriza. Desse modo, do que o empreendedor precisa? Dada a relação custo-benefício, satisfazer a expectativa do seu cliente diante de todos esses aspectos.

Mas, claro, há alguns "complicadores". Um cuidado que é preciso ter em relação ao cliente é que muitas vezes paparicá-lo demais pode ser um problema. Deve-se atender o cliente dentro de um sentido de equilíbrio (em relação ao custo-benefício). E isso deve ser conduzido sem necessariamente o empresário elevar demais os seus custos para satisfazer o cliente. Não adianta começar a agregar custos sobre o seu produto com o objetivo de aumentar a satisfação do cliente se na verdade estiver investindo em coisas que ele não valoriza. Isso não faz muito sentido.

Se você agregar custo sobre o seu produto por causa de um diferencial que seu cliente não enxerga como tal ou um valor que o consumidor não vê como valor, é um erro. Trata-se do que eu chamo de paparicar demais o cliente. Isso ocorre quando ele não dá o devido valor àquele aspecto que foi agregado ao seu produto ou serviço.

Como dissemos antes, o importante é entender o que efetivamente o cliente valoriza. Porque é com base nisso que devem ser criadas suas estratégias, incluindo suas táticas de como satisfazer o seu cliente e como superar as expectativas dele. E, sobretudo, sem exceder os seus custos. Ultrapassar as expectativas do cliente é uma coisa, ampliar demasiadamente os custos sobre o produto é outra. E, quando os custos são elevados, esse movimento não se torna tão viável ou interessante assim.

A loja ou a família

Não bastassem todas as dúvidas em torno do cliente, Jairo ainda tenta equilibrar a nova realidade profissional, cheia de demandas inéditas para ele, com as naturais necessidades de sua família. Para ele, simplesmente uma fonte inesgotável de tormento. Será que isso é algo tão incomum assim? Como você faz no seu dia a dia?

Quando alguém não tem um planejamento no trabalho, é porque em geral também não tem isso no âmbito individual. Quando esses dois aspectos se juntam, tanto do lado pessoal quanto do profissional, a falta de organização de um lado impacta no outro e vice-versa. Muitas vezes, o gestor não sabe separar a empresa da família. Anda tudo junto e misturado.

Mas aqui, novamente, estamos falando de gestão. E isso é delicado porque, quando não se tem uma agenda definida, viramos reféns do negócio. É ele que dita a agenda. Somado a isso, muita gente costuma acreditar em um grande paradigma: trabalhar demais significa ser produtivo. Bom, não necessariamente. Conheço quem trabalha apenas quatro ou cinco horas por dia e é extremamente mais produtivo do que outros que trabalham quinze ou dezesseis horas.

Nesses casos, existe uma mistura de falta de organização com ausência de foco e, justamente, com a inexistência de uma coisa chamada disciplina de execução. Isso ocorre quando o dono do negócio se perde diante de pontos que não têm o menor sentido. Diante de tarefas que não agregam nenhum valor. Para dar um exemplo, cito quem não consegue fazer delegações que sejam eficazes. Ou seja, o empreendedor delega aquilo que não agrega valor em sua execução e cumpre o resto. E assim segue sobrecarregado.

Tal falta de planejamento, além de fazer com que o sujeito não consiga separar o pessoal do profissional, gera um imbróglio. Não é incomum que, mais adiante, isso dê origem a cobranças. No entanto, quando a relação familiar chega ao nível das cobranças e, em alguns casos, o gestor sente até medo de "perder" a família por dedicação demasiada ao trabalho, alerto que o problema é maior. Na minha avaliação, essa pessoa não está com medo de perder a família. Na verdade, ela já perdeu a família e o negócio. Quando a coisa chega a tal nível de dificuldade é porque os dois já se foram há muito tempo.

Férias para energizar

Jairo não cogita de maneira nenhuma perder a família. Por isso tem estado tão incomodado nos últimos tempos. Antes de montar a loja, sabia que durante o período de férias escolares, quando os filhos não tinham aula, também tiraria seus dias de descanso da indústria. A tradicional viagem à praia na companhia dos filhos e da mulher, no entanto, parece algo impensável na condição de empreendedor. Como fazer, afinal?

Uma coisa que todo gestor precisa entender é que o ato de conduzir seu próprio negócio deve ser levado em consideração como um

O importante é entender o que o cliente efetivamente valoriza.

trabalho qualquer. E uma atividade profissional que seja encarada em regime de 24 horas por dia e 7 dias por semana é insustentável. Ninguém consegue resistir por muito tempo. Tanto por questões físicas, de saúde, quanto por questões de relacionamento. Você vai acabar se desconectando de todos aqueles que estão a sua volta.

Por tudo isso, é preciso levar em consideração que muitas vezes um fim de semana ou alguns dias junto da sua família – seja em uma viagem ou um simples período de descanso – não devem ser encarados como uma situação que o fará perder tempo. Em vez disso, pense que tais momentos podem funcionar como um energizador. Algo que do ponto de vista fisiológico e mental pode ajudá-lo de maneira significativa a conseguir recarregar as baterias. E isso é muito importante.

Inclusive porque esses instantes fora do trabalho podem trazer reflexões, *insights* e ideias que lhe darão um gás maior na volta ao batente. Ou seja, o que muita gente acha que pode ser prejudicial é extremamente benéfico e importante que seja feito. Apenas é necessário saber dosar. E existem muitas estratégias para conseguir isso. Uma delas é identificar quem no seu time tem a capacidade de se fazer presente na sua ausência. Uma boa liderança quando você estiver longe é um ponto importante.

Também é estratégico que você faça isso em um período do ano em que ocorra aquela sazonalidade em baixa, não em alta. É relevante não deixar o seu negócio na mão dos outros em um momento crucial ou em uma época mais exigente do ano. Às vezes, a sazonalidade dentro do mês também deve ser considerada. Enfim, trata-se de uma série de cuidados a serem levados em conta para que você faça isso e para que, de fato, a sua ausência se torne um energizador, e não uma coisa que alavanque o estresse. Não apenas o seu, como o de todos aqueles que estão a sua volta.

Como demitir seu “braço direito”

Já sabemos que Jairo quer tirar férias com a família, dar mais atenção aos filhos e à mulher, aprender a cativar os clientes de sua loja, dominar o negócio. Enfim, crescer como pessoa e como empresário. Na teoria, tudo perfeito. Na prática, porém, existe o Jorge, o único funcionário no pequeno estabelecimento de Jairo. Seria o caso de dizer que é o braço direito do chefe? Seria. No entanto, Jorge é um pouquinho desligado, digamos. O sonho dele é ser surfista, mas trabalhar na loja de produtos de limpeza do bairro é o que a realidade lhe proporcionou.

Assim, Jairo fala uma, duas, três vezes, mas parece que a cabeça de Jorge está perdida sobre as ondas em algum oceano bem distante. O resultado é que, como o funcionário não faz aquilo de que o chefe precisa, Jairo se acostumou a realizar tudo sozinho. Com isso, é claro, o desconforto do chefe, que já é enorme, só cresce. Mas o que ele pode fazer a respeito?

Situações como a que acabei de descrever são inadmissíveis no mundo dos negócios. Mas o que será que leva muitos empresários a aceitar isso? Bom, uma explicação é que muitas vezes o processo de contratação é errado, como já explicamos no capítulo anterior. Mas, além

Uma boa liderança quando você estiver longe é um ponto importante.

disso, em diversos casos, o gestor também não sabe avaliar se o colaborador tem ou não a competência para executar determinada atividade.

Assim, em determinados casos, o colaborador deixa de executar algo não por falta de motivação ou vontade, mas porque não tem competência. Em razão disso, o empresário deve saber que primeiro precisa aprender a contratar adequadamente. O que implica contratar o perfil certo com as competências certas para a posição certa. Isso feito, que é o primeiro e mais importante passo, o próximo objetivo é tornar claro ao colaborador o que se espera dele em cada momento e em cada função.

Portanto, independentemente de o funcionário ter a competência, se o gestor não informar isso, pode ser que a pessoa não faça o que é esperado dela. Por fim, é necessário ter critérios e indicadores para mensurar a performance do seu colaborador. E, à medida que o gestor vai mensurando isso, se a performance não é a alcançada, consequentemente vem o desligamento. Portanto, tudo começa com um bom processo de contratação, seguido de um bom procedimento de *feedback*, acompanhamento e mensuração de resultados. E, quando o resultado não acontece, não se justifica a permanência. Como vimos até aqui, a jornada de Jairo está repleta de desafios. E como será que estão indo Rui e sua lanchonete no Rio de Janeiro? Vamos descobrir nas próximas páginas.

Capítulo 3

O medo que paralisa

Como vimos nas páginas anteriores, a pessoa que decide empreender por falta de opções pode se ver diante de grandes dilemas, como é o caso de Jairo. Será, porém, que quem abre um negócio próprio por enxergar nisso uma oportunidade, a exemplo de Rui, ou por desejo, como Mariana, tem um caminho mais suave? Para chegar a essa resposta, vamos observar mais de perto como estão indo nossos outros personagens.

Rui se viu surpreendido quando a fiscalização municipal chegou a sua lanchonete de repente e os agentes foram diretamente para uma das geladeiras, como se farejassem algo errado. Voltaram com potes de maionese vencidos havia dois meses. Rui olhou para seus funcionários em pânico. "Como isso foi acontecer?!" Para completar, um dos fiscais perguntou ao já assustado empresário onde estavam os comprovantes de pagamento das taxas para a prefeitura liberar o funcionamento do estabelecimento.

O suor brotou em gotas grossas na testa do engenheiro que ainda engatinha na pele de empreendedor. Um grito foi crescendo dentro de seu peito, avançou garganta acima e, finalmente, explodiu. "Aaaaaaaaaaah!!!". Nesse instante, o gato de Rui, que dormia no pé da cama, pulou de susto, miou alto e fugiu numa carreira do quarto. Era apenas um pesadelo. O coração do dono da lanchonete ainda batia acelerado. "Mas era tudo tão real", ele pensou.

Não era a primeira vez que tinha esse sonho. Por mais que fizesse tudo certinho, o receio de uma fiscalização encontrar algo (como um alimento vencido) ou não encontrar (como um comprovante de uma taxa paga) e isso gerar uma multa alta que pudesse ameaçar sua lanchonete era um fantasma presente. De dia e à noite. Mas, afinal, até onde um medo pode ser considerado bom e quando se torna ruim?

Para começar a avaliar os problemas de Rui, é preciso entender que o medo tem uma função fundamental: nos proteger. É para isso que ele serve. No entanto, quando falamos de medos atrelados ao negócio, como é o caso de nosso personagem, é preciso tomar o seguinte cuidado: se a pessoa tiver um planejamento consistente, acompanhado de uma estrutura de pensamento, e um conhecimento e uma clareza de mercado, tanto dos seus produtos como de seus concorrentes e de seus clientes, não há o que temer.

Vejamos o caso de Rui, por exemplo: o medo de uma fiscalização ou algo do tipo. É importante que você, empreendedor, tenha clareza de que existem padrões, regras e critérios dentro de todo segmento que qualquer pessoa tente estabelecer em qualquer país do mundo. Com base nesses critérios, que são muitas vezes estabelecidos pelas leis vigentes em cada local, região, país, é importante que você monte a estrutura de seu negócio já levando em consideração todos esses fatores. Se isso for feito, ou seja, se sua estrutura de custos tiver sido pensada com base nisso, não haverá problema. Logo, não tem com o que se preocupar. Não deve haver espaço para o medo.

Entretanto, uma grande realidade é que, justamente, a falta de planejamento no início do empreendimento faz com que muitos empresários tenham de cobrir despesas e custos que não foram previstos antes. E, em alguns casos, o que ele acaba sacrificando? Em determinadas ocasiões, o pagamento de certos impostos ou taxas legais. A partir disso, posteriormente nasce o medo de uma fiscalização e de uma multa que podem até quebrar o negócio.

A chave é o tempo

Quando não está absorvido por seus pesadelos, Rui, que sempre gostou muito de estudar, pergunta-se se deveria buscar algum tipo de conhecimento em administração a fim de aumentar seu faturamento

Não deve haver espaço para o medo.

sem, no entanto, elevar seus custos. Amigos dele, por outro lado, têm recomendado que ele terceirize essa parte contratando alguém que já tenha o conhecimento necessário. Diante dessas opções opostas, Rui segue indeciso.

Na verdade, as duas alternativas são importantes, mas tudo tem a ver com o tempo de que o empreendedor dispõe. Muitas vezes, o empreendimento está em um momento em que você não pode buscar uma formação em administração ou gestão de contas para, somente depois que dominar esse conhecimento, partir para fazer a gestão. Isso é um fator que complica.

Em outras ocasiões, porém, o problema é que você não tem tempo porque está ocupado com outras coisas na sua rotina de trabalho. E, desse modo, mesmo que tenha o conhecimento, vai acabar não o colocando em prática. Com tudo isso em consideração, você deve decidir qual alternativa é a melhor para seu negócio.

Primeiro, reflita: existe tempo para buscar essa formação e, assim, aplicá-la? Essa é uma pergunta que pode fazer você tomar uma decisão. Outra coisa a ser levada em conta é se você tem tempo para, ainda que possua o conhecimento, conseguir aplicá-lo dentro da sua realidade. E existe um terceiro ponto: há tempo e conhecimento para fazer isso? Se não tem, é o caso de terceirizar.

Só que na terceirização o empresário esbarra em outra coisa que é o custo do profissional que executará esse serviço. Portanto, na verdade, o empreendedor tem que verificar todos esses aspectos e avaliar o que é melhor. Não tem milagre. Não existe uma receita de bolo. Há uma parte importante de todo empreendimento que se chama análise financeira – dos indicadores, da performance, do resultado que o negócio está tendo. E alguém precisa fazê-lo: ou você, ou um profissional contratado. É tão simples quanto isso.

Mas o que precisa ser verificado é qual a melhor relação custo-benefício para a contratação desse profissional, para a aquisição desse conhecimento ou para a utilização desse conhecimento. Essa é a variável que deve ser avaliada para a melhor tomada de decisão.

Há hora de fazer gol e de ser o técnico

Em sua carreira na engenharia, Rui sempre soube quando era hora de entrar em ação e quando era o momento de acionar outras peças para que uma obra fosse concluída. Uma vez à frente da sua lanchonete, no entanto, tudo tem parecido muito mais complexo do que o projeto mais desafiador. Como o "dono da lojinha", Rui não faz ideia de quando é necessário meter a mão na massa e quando é melhor dar uns dois passos atrás para enxergar o todo.

Sobre esse assunto, há dois pontos a serem analisados. Em determinadas situações, o gestor põe a mão na massa por não ter capacidade financeira para pagar essa mão de obra. Com isso, ele acaba se envolvendo demais e fica basicamente no operacional. Ou, de maneira bem diferente, há o aspecto comportamental, quando a pessoa à frente do negócio acredita que ninguém faz melhor do que ela. Mas a verdade é que, em alguns casos, esses dois aspectos se misturam.

Logo, é importante que o empreendedor analise até que ponto ele está colocando "a mão na massa" por necessidade, ou seja, por não ter condições de ter uma pessoa para fazer isso por ele. E, sendo bastante sincero consigo mesmo, ele também deve verificar se não se trata de algo comportamental. O que significa que até tem possibilidades de colocar outra pessoa para exercer determinada atividade. No entanto, por acreditar que ninguém vá fazer melhor do que ele, assume a tarefa para si. E esse é um enorme engano.

É importante que você, empreendedor, tenha clareza de que existem padrões, regras e critérios dentro de todo segmento que qualquer pessoa tente estabelecer em qualquer país do mundo.

Mas posso dizer que na grande maioria dos casos trata-se mais de um aspecto comportamental do que financeiro. Por isso, cabe avaliar para entender qual é o seu momento. É um estágio em que você se limita por causa do seu paradigma de que ninguém fará melhor que você? Ou está se restringindo por não ter condições financeiras e, com isso, vai ter que colocar a mão na massa? Assim, tal análise precisa ser feita caso o gestor queira ganhar escala e expandir a empresa.

Quem deve contratar quem?

Quando contratou Estela, Rui não poderia ter sido mais feliz. Apesar de ser muito nova, a moça demonstra competência e responsabilidade em tudo o que faz. Já Alexandre, o gerente trazido por Rui, tem se mostrado uma grande decepção. Não raro, chega atrasado e já discutiu com clientes em duas ocasiões. Rui só queria saber como encontrar mais Estelas e menos Alexandres. Será que é pedir demais?

Em pequenos negócios, contratar a pessoa certa é um dos grandes problemas, porque é bastante comum que o gestor acabe admitindo o funcionário por amizade. Com frequência, alguém é trazido pelo empresário por intermediação de um colaborador. Podem ser os parentes de um funcionário, por exemplo. Ainda que não seja uma empresa familiar, ela acaba se tornando um negócio de "familiares". Assim mesmo, no plural, pois tem diversos colaboradores com algum parentesco entre eles. E isso não é saudável, uma vez que a maioria das pessoas não sabe separar as coisas. Logo, esse processo de contratação é completamente equivocado e errôneo.

Outro ponto relevante é que o processo de contração deve ser terceirizado. Ainda mais se você não sabe fazer ou se nunca fez... E aqui não adianta o proprietário achar que se tiver uma conversa de dez ou quinze minutos com uma pessoa já saberá se ela serve ou não para uma posição no seu negócio. Não! É importante que exista um profissional da área de contratação.

E não é preciso necessariamente ter um departamento de recursos humanos. É possível terceirizar esse processo de contratação para diversas empresas que existem no mercado e que certamente trarão profissionais extremamente bem qualificados. E, além disso, contratarão pessoas com o perfil que seu empreendimento está precisando. Acredite, isso poderá poupar tempo, dinheiro e evitar grandes dores de cabeça com funcionários que não tenham nada a ver com o perfil do seu comércio ou serviço.

Mas fique atento: é muito importante também que o seu *briefing*, com as informações e orientações a serem passadas para quem for contratado para encontrar seus funcionários, seja feito de uma forma muito clara e objetiva. O que quero dizer com isso? Veja, você não tem competência nenhuma para contratar. Então, contrate uma empresa para fazer isso. Se o seu resumo sobre a realidade do seu negócio e sobre a posição na qual esse colaborador será inserido não for muito bem passado para quem fará a contratação, mesmo que ele tenha todo o *know-how* para a tarefa, a missão tende a dar errado. E isso apenas por dados que foram mal transmitidos por você.

Por isso é importante que seja investido tempo para descrever muito bem qual é o perfil do profissional que você tem em mente. Primeiro responda para si: o que esse profissional deve desempenhar? Avalie ainda quais são as condições que ele vai ter em sua rotina de trabalho. Somente depois disso passe para a empresa terceirizada.

Não adianta iludir profissionais para atraí-los e, depois de um curto espaço de tempo, eles perceberem que a realidade é bem diferente daquilo que foi informado no processo de seleção. Até porque, muitas vezes, desencantada, essa pessoa pode sair e deixar você na mão. Por isso, é importante que os profissionais sejam selecionados de uma forma muito clara e objetiva no contexto no qual eles estarão inseridos.

Demissão, esse grande palavrão

Rui foi informado que o gerente Alexandre voltou a discutir com um cliente. A situação está insustentável, mas Rui ainda não sabe se deve mandá-lo embora ou dar-lhe uma terceira chance... Ou seria quarta? O gestor perdeu as contas. Poderia facilmente montar uma planilha para controlar quantas vezes cada colaborador "pisou na bola". Mais difícil, porém, é tomar a decisão que somente ele pode e deve tomar. Até porque Rui não acha Alexandre uma má pessoa. Gosta dele. E agora?

Para Rui ou qualquer um em uma situação assim, a questão é que dentro de um processo de demissão, gostar ou não gostar não faz diferença. Contra fatos não existem argumentos. Como podemos ser

É importante que seja investido um certo tempo para descrever muito bem qual é o perfil do profissional que você tem em mente.

assertivos na hora de um desligamento? Acredito que uma das coisas que mais ajuda o empresário a pensar sobre isso é que se ele tem 20 funcionários e precisa desligar um, ele não deve pensar "eu estou desligando um", mas, sim, "estou poupando 19". É preciso ter um olhar voltado para o lado positivo.

Ou seja, o que ele está resguardando com esse desligamento? Normalmente a pessoa não toma uma decisão assim por ficar preocupada com o que vai acontecer com aquele que vai ser desligado. Mas a verdade é a seguinte: quando chega o ponto de desligar um colaborador é porque essa pessoa já não está fazendo efetivamente o que precisa ser feito. Não está entregando o número que precisa, simples assim.

Se isso estivesse ocorrendo, que é o motivo pelo qual a empresa o paga, o remunera, nenhum desconforto à beira de uma demissão estaria acontecendo. Por isso, é importante o gestor saber que, em primeiro lugar, o momento da demissão nunca pode ser um momento de surpresa para quem é demitido. Se isso ocorrer, existe um problema. E a falha é de quem está fazendo a gestão. Significa que ele não deu *feedback* (retorno), não informou, não acompanhou e não fez o seu colaborador saber que a própria performance não estava à altura do que se esperava dele.

Outro ponto é que existe um limite. Um, dois ou três *feedbacks* sobre o mesmo tópico… e não tem mais o que ser dito. Dessa forma, não se trata de uma questão de tempo, mas de quantidade de *feedbacks*. Se esse trabalho for muito bem-feito, o desligamento deve ocorrer partindo do pressuposto de que o colaborador não se incomodou com o que lhe foi dito. E não fez nada para mudar o próprio desempenho de modo que atendesse às expectativas e entregasse um número diferente.

Por tudo isso é que, no momento de uma demissão, não se trata de buscar um equilíbrio entre o racional e o emocional. Não. Trata-se de algo 100% racional e ponto-final. Desliga-se a pessoa e acabou o assunto. A decisão é técnica. E a análise é justamente esta: "Eu estou poupando alguns". Vale para a lanchonete de Rui, para a loja de Jairo e para o seu caso também. Tudo anotado? Vamos agora ver quais são os dilemas de Mariana em seu salão de beleza.

Capítulo 4

O que fazer para crescer

Jairo pena para equilibrar vida profissional e pessoal. Rui tem calafrios cada vez que imagina um fiscal entrar em sua lanchonete. Situações desse tipo estão presentes no dia a dia do gestor, como estamos verificando. O autoconhecimento, o conhecimento de como se comportam os outros (clientes, funcionários e parceiros) e muito planejamento são os antídotos para se defender de obstáculos e fontes de sofrimento. Vejamos, então, como nossa terceira personagem está se saindo.

Mariana ainda se recorda de quando era adolescente e brincava com a prima Érica, poucos anos mais nova do que ela. Naquela época, o passatempo predileto das duas era imaginar que tinham um belo salão de beleza. Chamavam as amigas e se divertiam por toda a tarde. A brincadeira só terminava quando a mãe de Mariana avisava que o jantar seria servido dali a pouco. Passados muitos anos, aquelas memórias parecem ter se materializado. Mariana virou empreendedora, montou seu salão e colocou Érica como gerente.

Mas agora não se trata mais de uma brincadeira de meninas. Ao menos não para Mariana. Tanto que, recentemente, ela tem até considerado tirar Érica do negócio, por mais que a ideia lhe cause sofrimento. Ela queria mesmo que a prima mostrasse mais dedicação pelo trabalho e algum pensamento estratégico. Cabeça de dono. É isso, apenas isso, que Mariana gostaria que Érica demonstrasse em sua posição.

Quando falamos de um colaborador, seja gerente ou não, que tem cabeça de dono, estamos nos referindo àquela pessoa que sente "a dor" da empresa. E o que é isso? Trata-se de alguém que está atento para os custos. Ou aquele que olha não só para o que a empresa está vendendo mas também para o que ela está lucrando com isso. A pessoa se preocupa com os ganhos que a empresa está alcançando de maneira efetiva.

Em resumo, essa pessoa tem o que é chamado de cabeça de dono quando está sempre procurando melhorar seu desempenho profissional, ou seja, ela está um passo à frente dos demais colegas de firma. Como costumo dizer, as empresas não contratam mais simples mão de obra, elas contratam "cérebros de obra".

Logo, trata-se de uma pessoa que pensa e que está além. E esse além não precisa ser muito além. É aquele colaborador que está sempre buscando otimizar a performance do ponto de vista de que isso gere maior faturamento ou reduza um gasto ou um custo. Enfim, ele está sempre buscando o algo a mais, estando um pouco mais além. No caso do salão de Mariana, é o oposto de sua prima-gerente Érica, que demonstra estar completamente acomodada na função, para imenso desgosto da empreendedora.

Prioridades e prioridades

Mariana pode até estar incomodada com a atitude (ou a falta dela) de sua prima. Mas, no dia a dia, o que tem feito a empreendedora perder o apetite é a proximidade da tradicional festa junina na escola dos filhos. Mãe zelosa, ela nunca se ausentou desse tipo de comemoração, pois considera muito importante estar junto das crianças em momentos como esse.

Com o crescimento atual de seu negócio, no entanto, ela tem se sentido soterrada pela quantidade de demandas com as quais precisa lidar diariamente. Ir ao colégio dos filhos significa não estar no salão por algumas horas em um sábado, dia de maior movimento. Ela tem palpitação só de imaginar. Será que o marido e os filhos compreenderiam se ela não fosse à festa este ano? O que priorizar, afinal?

O que diria para Mariana, ou para qualquer gestor com um dilema semelhante, é que, se você não tem uma agenda, torna-se a agenda de outras pessoas ou faz parte da agenda de outras pessoas. Portanto, em casos como o que acabei de descrever, não se trata de uma questão do que é mais ou menos importante, tendo em vista que as duas situações têm sua relevância. A questão é ter foco e trabalhar de maneira que você consiga fazer o que é importante.

Quer uma dica? Procure, por exemplo, concentrar as tarefas que considera as mais difíceis de serem feitas no início do seu dia. É nesse momento que você terá mais disposição para realizar tais atividades. Dessa forma, você conseguirá cumprir o programado, fazer as coisas

A questão é ter foco e trabalhar de maneira que você consiga fazer o que é importante.

mais importantes e escapar de dilemas como o de Mariana: ter de optar entre o trabalho e a festa dos filhos.

Costumo dizer que quando a pessoa chega a um dilema como esse, de precisar escolher se faz uma coisa ou outra, na verdade, não é esse exatamente o problema. Afirmo que já existe uma questão anterior. Sempre digo que algo assim é um efeito, não a causa. Deve haver alguma coisa que veio antes. Pode ser a falta de saber o que priorizar, a ausência de foco a inexistência de uma estruturação e de um planejamento. Ou seja, a ausência de uma agenda, daquilo que efetivamente deve ser feito dentro das suas prioridades.

E o gestor não deve querer lidar com o efeito. É preciso atacar a causa. O que efetivamente causou isso, para que naquele momento ele tenha de decidir entre uma reunião do trabalho ou algum evento com o seu filho ou com a sua família, seja qual for. Quando tem de chegar a esse xeque-mate, não só quando é uma questão com filhos, mas uma questão pessoal ou profissional, isso é sempre efeito. Nunca é causa. O gestor que se debruçar apenas sobre os efeitos nunca conseguirá resolver de maneira efetiva os problemas que podem estar travando seu negócio.

O gestor não deve querer lidar com o efeito. É preciso atacar a causa.

Multiplicação das dívidas

Não bastasse a indecisão de Mariana sobre o que priorizar em sua vida, mais recentemente ela tem encarado outro tipo de impasse. Sempre foi organizada com as finanças, mas, de uma hora para outra, as contas começaram a vencer e o dinheiro não tem sido suficiente para saldá-las.

Assim como foi dito há pouco, em relação a priorizar eventos pessoais e profissionais, uma conta atrasada certamente também é efeito de algo que não foi feito antes. Também aqui não se trata de uma causa. Dessa forma, é preciso entender as origens do problema. Pode ser falta de produtividade, faturamento insuficiente ou uma grande concorrência que você tenha.

Ainda é possível que o início da questão esteja no seu produto, que pode estar obsoleto, ou nas condições de pagamento oferecidas, que talvez não sejam atraentes para o seu cliente. Pode ser até que você descubra que sua empresa não possui diferenciais para atrair consumidores.

Ou, quem sabe, seus produtos e serviços não tenham o chamado CVBA. E o que é isso? Bem, você deve deixar claro ao seu consumidor ou potencial comprador quais são as **características**, os **valores,** os **benefícios** e os **atrativos** do seu produto ou serviço. Se não conseguir mostrar nada disso, sim, você tem um problema.

Por isso, repito: preocupar-se com as contas que estão vencidas é simplesmente um efeito de algo que deveria ter sido cuidado antes e não foi. A conta vencida é apenas mais um fruto de uma gestão deficiente. E pode ser mal administrado por diversos aspectos. A causa pode ser a presença de peças erradas à frente do negócio ou dentro dele; queda nas vendas ou a alta competitividade. O diagnóstico só ficará claro quando forem verificados todos os fatores.

Convença os outros de suas ideias

Os filhos de Mariana têm sentido a mãe mais distante, mergulhada em seus problemas. E tanto eles quanto o marido dela notam a aflição no semblante da mulher. O casal tenta não discutir na presença das crianças. A fonte de estresse tem sido uma divergência de visão. Quando a empreendedora decidiu ampliar o negócio, o companheiro foi contra. Achou que era um movimento precipitado. Agora anda com aquele ar de "eu bem que te avisei" para cima de Mariana. E ela detesta isso.

Então, quando vale a pena, afinal, gastar energia para defender seus pontos de vista? E como fazer isso? Quando você tem uma ideia, trata-se apenas de um pensamento. Uma concepção, uma simples visão de algo. E, muitas vezes, você não tem necessariamente fatos. Contudo, o que convence as outras pessoas são os fatos, dados, informações. Coisas consistentes que demonstram que algo já aconteceu ou que vai ocorrer.

Quando falamos de uma ideia, estamos falando de algo subjetivo. Uma das melhores maneiras de convencer as pessoas das suas ideias é transformar estas em algo o mais tangível possível. Ou seja, com base em informações. Por exemplo, se entendo que meu produto é extremamente vantajoso, que tem mercado para ele, que tem um grande apelo, preciso formular: "com base em quais dados?".

Você precisa levantar, por exemplo, qual é a quantidade de pessoas que pode se interessar pelo produto, qual é o público-alvo, quais as características da região onde está inserido... Precisa fomentar o maior número de informações possíveis para conseguir tangibilizar a sua ideia, que, sem dados, nada mais é do que um pensamento. É sempre necessário transportar esse algo subjetivo para o universo dos dados e números quando estamos falando de negócios.

Com isso em mente, então, o melhor é fazer um levantamento e entender o seguinte: "Então, quando estou dizendo que é um excelente produto ou negócio, preciso responder uns 5 ou 6 porquês...".

Faça o seguinte exercício, responda:

- Por que é um excelente negócio?

  Talvez porque existam poucos concorrentes ou não haja concorrentes. Perfeito!

- E o que mais?

  Por eu conseguir um preço completamente diferente dos da concorrência.

- Há outros diferenciais?

  Ele atende 20% da população de determinada região.

- Existem mais pontos que fazem dele um excelente negócio?

  É inovador.

- Mas em quais características e aspectos?

O objetivo aqui é responder ao máximo de porquês. Quanto mais você responder, mais fácil será convencer as pessoas da sua ideia de maneira mais efetiva. Trata-se da melhor maneira de tangibilizar uma ideia. Você deve tirá-la do subjetivo e traduzi-la para algo extremamente objetivo e prático.

O salário do gestor

O sonho de Mariana, sua brincadeira na infância, tornou-se realidade. E isso foi fruto de muita batalha. A conquista do salão de beleza sempre lhe deu muito orgulho. No entanto, ela confessa que tem ficado aflita nos últimos tempos. O faturamento até existe, porém ela não lembra quando viu o dinheiro sobrar no fim do mês. Nem que fosse um pouquinho. Lucro? Ela nem sabe o que é isso ultimamente. Quanto mais reinvestir no negócio ou separar um "salário" para si. Nada disso tem estado no cotidiano de Mariana nos últimos tempos.

Cara gestora e caro gestor, é muito importante que a divisão entre faturamento, lucro e outras questões relativas a dinheiro seja feita e de uma forma muito clara. E o planejamento de ganhos, não só o de gastos, assim como o de investimentos e de reinvestimentos, precisa ser feito antes mesmo de o negócio começar. Sim, o ideal é se preparar antecipadamente.

Mas o que acontece muitas vezes com diversos pequenos empresários é que eles entendem que faturamento é efetivamente o que ele ganhou. Mas não é. Quando você tira todas as despesas e questões legais, como impostos, por exemplo, você verá que o que sobra, muitas vezes, é um valor que gira em torno de 15% a 25% do que foi faturado. E isso quando você tem um negócio muito, mas muito bom.

Então é importante que se saiba que, basicamente, em qualquer negócio, se a receita estiver cobrindo as despesas e isso estiver bacana, no que chamamos de ponto de equilíbrio, você tem uma sobra de 15% a 25%, dependendo do negócio. Então, você nunca deve contar com 100% do faturamento; esse é um conceito muito básico. E, com isso em mente, você, então, deve fazer a divisão do que, enquanto empreendedor, pode ter como salário.

Você tem de ter salário dentro do seu negócio. Sempre digo que o empresário pode ser pobre, mas o seu negócio tem de ser rico. Desse modo, a primeira preocupação é enriquecer a empresa. Se você conseguir isso, como proprietário, ficará rico na sequência. O grande problema

É muito importante que a divisão entre faturamento, lucro e outras questões relativas a dinheiro seja feita e de uma forma muito clara.

é que muitos empresários querem enriquecer antes até de o negócio enriquecer. E o que acontece é que o negócio não consegue sequer sobreviver. E esse deve ser um cuidado muito grande.

Quanto vale o seu negócio?

Quando mudou seu salão de endereço, trocando a garagem de casa por uma região nobre, Mariana imaginou que seu negócio logo decolaria. No novo espaço, porém, ela não tem conseguido fazer com que os clientes percebam o valor dos seus serviços. Eles têm chegado em quantidade muito menor do que a esperada. Muitos não voltam. E agora?

O primeiro cuidado que é preciso ter em um caso desse tipo é que muitas vezes o que o gestor acredita ser valor do seu produto ou serviço não é compreendido na mesma medida pelo cliente. Como saber, então, o que seu consumidor acha do seu negócio? Já experimentou perguntar a ele? Pode parecer óbvio, mas uma das melhores formas de descobrir onde estão seus pontos fortes e fracos é questionar seu consumidor.

Muitos empresários querem enriquecer antes até de o seu negócio enriquecer.

Claro, se você já tiver um. Mas, caso não tenha, pergunte a quem você entenda que será o seu cliente. Seu objetivo é saber o que um potencial comprador ou consumidor valoriza no seu produto ou serviço. Para isso, no entanto, será preciso fazer uma pesquisa e entendê-la de maneira efetiva. Não adianta ficar na tentativa e erro, querendo adivinhar o que as pessoas que entram em contato com seu negócio valorizam.

Para você entender como isso é importante, avalie que muitas vezes o empresário acrescenta uma série de valores aos seus produtos e, obviamente, isso se traduz numa elevação de custo que pode ser significativa. Mas e se o seu cliente não perceber nada disso como valor? Bom, nesse caso, provavelmente, você tem um produto mais caro do que poderia ser, mas com poucas pessoas dispostas a pagar por ele, uma vez que não reconhecem um diferencial em relação à sua concorrência. Ou seja, trata-se de um baita problema.

Por isso, sempre que você cogitar agregar algo ao seu produto ou serviço, e isso resvalar em um aumento no valor dele ou um custo a mais na sua operação, é preciso, em primeiro lugar, saber se tal movimento atende ao que seu consumidor valoriza. E isso deve ficar muito claro. Caso a conclusão seja a de que não atenderá ao que o consumidor enxerga como valor, então não faz sentido mudar. E você precisa saber isso. E, repito, só há uma forma de chegar a essa resposta: pesquisando e perguntando a quem já adquiriu seu produto e também a quem não o adquiriu.

Sempre enfatizo: talvez mais importante do que o ato de vender seja saber por que você não concretizou uma venda. Claro, se você tem um negócio em que, a cada dez pessoas, duas compram, é importante, obviamente, saber por que aquelas duas compraram. Para ter clareza do que elas valorizaram etc. No entanto, é preciso ter em vista que muitas vezes as respostas não estão com as pessoas que compraram. Elas ficam com as pessoas que NÃO levaram nada. Logo, é vital descobrir o que fez com que esses potenciais clientes, que entraram no seu negócio – seja virtual ou físico –, tenham saído do ambiente com as mãos abanando, sem comprar nada. Essas informações são valiosíssimas.

Se você levantar dados das razões que fizeram com que 80% das pessoas que entraram em contato com seu produto não comprassem, certamente terá subsídios para mudar suas estratégias. Com isso, será possível realizar ajustes e agregar valor ao seu produto ou serviço de modo que essas pessoas passem a comprar. Por isso, saber os motivos que o levaram a perder uma venda é um ponto tão importante.

Capítulo 5

Ame o negócio, mas evite se apaixonar por ele

Como já vimos, Jairo, Rui e Mariana ainda têm bastante trabalho a realizar antes que suas empresas alcancem o sucesso. Nossos personagens, porém, ilustram apenas alguns dos percalços e dúvidas que podem surgir no caminho de quem busca empreender. E você? Já percebeu que, se está à frente de um negócio próprio ou pretende deixar de ser empregado para tornar-se gestor, há muito a ser feito antes para que seu suor renda frutos? E não basta gostar do que faz. Ou melhor, gostar é importante, mas há uma distância vital entre ser apaixonado por seu negócio e nutrir amor por ele. Vejamos.

A paixão pela empresa pode levar muitos empreendedores e gestores a "perder a visão" de questões fundamentais para que o negócio progrida. Melhor, nesse caso, é amar seu negócio, mas sempre mantendo intacta sua capacidade de análise. No entanto, qual é o caminho ou quais são as dicas para conseguir isso? Uma boa tática é nunca deixar de questionar seu negócio. Tenha consigo perguntas que o ajudem a desenvolver um olhar crítico na condição de gestor. Veja alguns questionamentos de pontos básicos:

- Quais são as falhas do negócio?
- Por que alguém seria contra o seu negócio?
- Se o seu negócio não desse certo, quais seriam os motivos?
- Onde você percebe que existem furos?

No final deste capítulo, deixarei outras perguntas que podem ser bastante úteis para você questionar seus projetos em situações distintas.

Quando falamos de amor e paixão, a ideia é alertar que muitas vezes a segunda não deixa o empreendedor enxergar quais são as falhas existentes no negócio. Ou seja, quais vulnerabilidades estão presentes. E, quando falamos de fraquezas, podemos analisar duas coisas: quais são aquelas inerentes ao negócio e quais são as externas. Por exemplo, se seu custo de produção é altíssimo, essa é uma fragilidade interna da sua empresa.

Agora, suponha que você atue em uma região onde existam fortes competidores. Então, estamos tratando de um ponto fraco externo, o que chamamos de uma ameaça. Portanto, esse tipo de questionamento, a existência de uma visão crítica, é fundamental para conseguir ajudar o empresário a perceber quanto o negócio dele é vulnerável. Também vai ajudar a mapear as lacunas que precisam ser preenchidas.

Com esse exercício, feito de modo constante, o gestor consegue diminuir a intensidade de paixão ao negócio e se aproxima de outro sentimento, o amor. O objetivo é deixar de viver o romance com o negócio, aquela paixão inicial pela ideia, muitas vezes de modo irracional, e começar a ir em direção à realidade, ao dia a dia, rumo a algo mais palpável.

Façamos uma metáfora com o casamento ou outro relacionamento. No começo parece que tudo vai ser lindo, bonito e maravilhoso, mas, no dia a dia, as pessoas precisam aprender a conviver com os defeitos do outro, com as falhas e com tudo aquilo que ocorre na vida cotidiana. E é aí que a coisa se torna diferente. Esse relacionamento somente vai perdurar se, de fato, houver amor. Porque a paixão, por mais intensa que seja, não necessariamente vai fazer com que o relacionamento se mostre sustentável.

Ajudas são bem-vindas

É tudo muito bonito quando colocado assim no papel, mas você talvez esteja se perguntando: quando é possível alcançar esse olhar crítico sozinho e quando é necessário procurar ajuda? E como consigo tal auxílio?

Em primeiro lugar, é fundamental fazer uma boa análise dos pontos críticos do seu negócio ainda na concepção dele. E, para essa tarefa, quanto mais pessoas você tiver para ajudá-lo a perceber potenciais falhas, melhor. Sobretudo se tiver o apoio de mentores, pessoas que tenham experiência na área de negócio. Cada olhar que essas pessoas trouxerem será muito importante.

No entanto, faço um alerta. Situações desse tipo, que já vi ocorrer com muitos empreendedores, podem ser nocivas caso não haja maturidade e humildade da parte de quem precisa da ajuda. Ao pedir uma opinião e receber uma crítica ao seu negócio ou produto, há gestor que de imediato tenta se justificar. Nada mais errado. No momento em que você pede esse tipo de auxílio, o segredo é não tentar se explicar ou rebater nada daquilo que a outra pessoa trouxer como uma crítica, seja do seu negócio, produto ou serviço.

Nessa hora, o melhor é ouvir e tentar entender o ponto de vista da pessoa, como ela viu aquilo que criticou. A atitude então deve ser:

- Como é que você viu isso?
- Ou: onde você percebeu isso?

E sempre evitar o seu "porquê". Por exemplo, imagine que alguém critique o meu negócio dizendo: "Olha, Sulivan, o seu curso tem tal problema". Se eu virar para a pessoa que disse isso e começar a responder com algo do tipo: "Ele tem esse problema porque...", a crítica não terá o mesmo poder de me ajudar a eliminar o problema mencionado, que talvez nem eu mesmo tenha enxergado! Deixe esse tipo de justificativa de lado. Isso deve ser evitado na sua contrapartida. A melhor alternativa em situações como essa é perguntar:

- Onde você viu tal problema?
- Como você o viu?
- Quando você o viu?
- O que você viu especificamente?

E, reafirmo, evite porquês para que isso não soe como uma justificativa e, assim, muitas vezes acabe até impedindo que a pessoa contribua com excelentes questões para o seu empreendimento.

A imagem do seu negócio

Outra questão que pode assombrar muitos negócios é a falta de coerência entre a proposta da empresa e a apresentação dela para o cliente.

Essa coerência, porém, não pode partir da minha percepção como empreendedor. Se partir disso, tenho 50% de chance de estar errado. Já quando parto da perspectiva do meu consumidor, tenho 90% de chance de estar certo. Por isso, não há problema em ter a sua percepção, desde que ela jamais seja encarada como uma verdade absoluta. Qual é o caminho para conseguir o ponto de vista do comprador? Pesquisar. Perguntar a ele.

- O que ele, cliente, acha?
- Quando ele olha para o meu negócio, qual é a primeira coisa que vem à cabeça dele?
- O que ele pensa, o que ele vê?

Por exemplo, imagine uma loja de calçados. Se você fizer uma pesquisa com as pessoas que entraram na loja, se pesquisar com 80% dos consumidores que não compraram, terá informações muito valiosas sobre a primeira impressão que seu negócio gera. Existe uma máxima de que quando nos apresentamos a alguém temos os primeiros segundos ou o minuto inicial para causar uma boa impressão. E é essa impressão que fica. Depois, mudar tal opinião demanda muito tempo.

Em uma situação de venda, muitas vezes não há tempo para mudar essa impressão depois. Portanto, é importante causar um impacto no primeiro momento. Daí a relevância de o gestor sempre verificar e ir auferindo qual é a impressão que está causando impacto em um

Talvez mais importante do que o ato de vender seja saber por que você não concretizou uma venda.

primeiro momento. Seja do seu produto, serviço ou negócio. E isso vale para a imagem da empresa em todos os aspectos, desde uma apresentação em reunião até um *folder* ou *flyer*, não importa. De tudo aquilo que fala do seu negócio, você precisa saber: qual é o primeiro impacto que isso causa?

Ou seja, é fundamental entender qual a primeira impressão que você está deixando nas pessoas. E também é vital saber se a imagem que está divulgando tem a ver com a visão, a missão e o propósito do seu negócio. Com o que sua empresa vai entregar. A apresentação do seu empreendimento, produto ou serviço, da sua empresa, funciona da mesma forma, no primeiro contato, nos instantes iniciais, pensando no impacto gerado. Portanto, para atingir essa coerência, pesquise, pergunte aos clientes e potenciais compradores tendo em mente a importância da primeira impressão que seu negócio vai causar.

Quando falamos da imagem da empresa, é preciso que o empresário saiba quais sinais devem ser levados em conta para avaliar se a apresentação do negócio e a imagem dele junto ao consumidor estão adequadas. O primeiro passo é verificar se isso está apropriado sob dois pontos:

- Qual recado quero passar ao meu cliente?
- É isso o que ele espera?

Essas duas coisas precisam estar alinhadas. Ou seja, o que estou passando ao público é o que quero e posso entregar? Assim, não farei falsas promessas. E, em paralelo, é o que o meu cliente espera? O que ele valoriza? Preciso ter isso de modo muito claro. O que quero passar e o que o meu consumidor efetivamente valoriza e quer perceber.

De empreendedor a empresário

Apesar de serem termos bastante difundidos, muita gente faz confusão ou simplesmente não sabe qual é a diferença entre ser empreendedor e ser empresário. De maneira bem resumida, digo que o primeiro tem apenas a ideia, mas não ganha dinheiro se não se tornar o segundo.

Empreender é um ato. Já ser um empreendedor diz respeito àquela pessoa que repete o ato de empreender diversas vezes. E, por fim, o empresário é aquele que tem a capacidade de tocar o seu empreendimento e fazer dele um negócio, uma empresa. E o que quero dizer com isso? Que ele seja rentável.

No entanto, uma vez que dividimos tais termos, você deve estar se questionando: quais são os passos para sair do plano das ideias e ganhar dinheiro? De maneira efetiva, o primeiro passo é criar um plano de negócio com base em sua ideia. Não basta simplesmente dizer "Sou empreendedor porque tenho ideias". Vejo várias pessoas, sobretudo no Brasil, gritando repetidamente para os quatro cantos que são empreendedoras. No entanto, nunca empreenderam nada. Então, me desculpe, você não é empreendedor. Você tem ideias de empreendedor. É algo bem diferente.

Quanto mais pessoas você tiver para ajudá-lo a perceber potenciais falhas, melhor.

Como se trata de um conceito importante, separo-o em três fases:

- Você tem a ideia para empreender, o que não quer dizer que você empreendeu.
- Depois da ideia, você bola o negócio. Aqui ou você tem recurso ou procura, por exemplo, conseguir um sócio investidor para pôr esse negócio em funcionamento. E, efetivamente, ele acontece.
- E, se esse negócio prosperar, você passa do estágio de empreendedor para empresário, pois você sustentou seu empreendimento.

Do contrário, o ato de abrir negócios e fechá-los não faz de ninguém um empreendedor. Isso é apenas abrir e fechar negócios. Um empreendedor, de fato, é alguém que, como o nome diz, empreende e consegue ter êxito com o que empreendeu. Não simplesmente tem ideias, mas faz o negócio acontecer. Esse empreendedor, o que conquista o sucesso com a sua ideia, se torna, dessa forma, um empresário.

Questione seu negócio

Conforme falei no início deste capítulo, seguem algumas boas perguntas que podem e devem ser feitas por gestores em diferentes momentos do negócio. Ou até para decidir se um projeto deve sair do papel ou não. A ideia aqui é desenvolver um senso crítico e analisar os potenciais e as fraquezas do seu empreendimento.

- Qual é o projeto dos seus sonhos?
- Por que você está fazendo isso?
- Por que o projeto dá certo?

- Qual é o propósito?
- Quais são os ganhos?
- Quais são os critérios para avaliar o sucesso do projeto?
- Como vai saber que conseguiu os ganhos?
- Quando você espera conseguir?
- Onde você quer estar no futuro?
- Quem você quer ser ou em quem quer se inspirar?
- Como, especificamente, a ideia será implementada?
- Como vai saber se o objetivo foi obtido?
- Quais são os critérios para avaliar o desempenho?
- O que faremos? (Em vez de parar de fazer, evitar etc.)
- Quem vai fazer?
- Quando será implementada cada fase?
- Quando o objetivo geral estará concluído?
- Onde será realizada cada fase?
- Por que cada etapa é necessária?
- O que falta? Onde estão os "furos"?
- Por que alguém teria alguma objeção à nova ideia?
- Que coisas positivas você consegue com a maneira atual de agir?
- Como pode manter as coisas positivas quando implementar a nova ideia?
- Onde, quando e com quem você não gostaria de implementar a ideia?
- Quais são os limites de aplicação do projeto?

A partir do próximo capítulo, passaremos a tratar da metodologia para que você consiga criar sua capacidade de gestão com uma influência positiva e foco nos resultados. Para isso, trataremos inicialmente de como você pode desenvolver o seu estilo empreendedor, a partir do entendimento do seu perfil e do perfil dos outros (funcionários, clientes, fornecedores e parceiros); da capacidade de entender comportamentos; e da habilidade de se comunicar com os diferentes tipos de pessoas. Em um segundo momento, vamos abordar quais são as lições de casa obrigatórias para o gestor que deseja que seu negócio tenha sucesso. Já caminhamos um bocado até aqui, mas nossa jornada ainda tem muitos passos importantes para serem dados. Rumo ao lucro certo.

Capítulo 6

A importância de se conhecer

Se Jairo soubesse utilizar toda a sua persistência e paciência para enfrentar os obstáculos do dia a dia em sua loja, certamente estaria colhendo resultados diferentes dos atuais. De maneira similar, Rui, que sempre foi um profissional preciso e cuidadoso, estaria menos inseguro se conseguisse converter seu potencial em ações concretas e bem-sucedidas na lanchonete. E Mariana, sempre tão assertiva e objetiva, só precisaria acreditar mais em si para decolar seu salão.

Quando me pedem algum tipo de dica para obter êxito, costumo dizer que há dois pontos de partida vitais. O autoconhecimento e o autodesenvolvimento são os primeiros passos para obter alta performance e sucesso, tanto na sua vida pessoal quanto na profissional. São eles que vão auxiliar você no desenvolvimento do seu estilo empreendedor, a primeira parte do nosso método para chegar ao lucro certo. Mais adiante, trataremos da segunda parte dessa metodologia, a lição de casa que deve ser feita pelo empreendedor que almeja o sucesso de suas ações. Preparado para mais um trecho da nossa viagem? Vamos lá!

Quem vai empreender precisa fazer com que suas atitudes como gestor sejam marcadas por um fator positivo, fruto de seu comportamento ou estilo. Trata-se de algo indispensável para que todas as suas ações tenham o resultado esperado. Desse modo, por exemplo, quem deseja ser um empresário deve entender como potencializar aquilo em que é bom, onde rende mais, onde desempenha melhor sua performance.

Quando falamos de perfil comportamental das pessoas, podemos resumi-lo em quatro dimensões distintas. Posso garantir que faz toda a diferença saber como utilizar essas potencialidades para descobrir quem você é e aonde quer chegar em seu negócio. E, para iniciar essa importante jornada de autoconhecimento, começo a explicar o conceito DISC, em que D = Dominância, I = Influência, S = eStabilidade, C = Cautela. A definição DISC tem por objetivo analisar as maneiras de agir de uma pessoa, assim como suas principais habilidades e características.

Antes, porém, é preciso entender que a personalidade de alguém se reflete na maneira como ele se comporta em certas situações. As pessoas de sucesso conhecem suas tendências de conduta e aprendem a adaptar o próprio estilo para atuar com mais eficácia em uma ampla variedade de situações. Nesse sentido, a teoria DISC permite ampliar seu autoconhecimento e desenvolver maior capacidade de adaptação. Ainda que não seja possível mudar a personalidade de uma hora para outra, sugiro que todo empreendedor separe um tempo para trabalhar o desenvolvimento dos seus comportamentos. Isso fará toda a diferença no tratamento com seus clientes, funcionários e parceiros.

Estou certo de que também terá um efeito positivo em sua vida pessoal. Conhecer e desenvolver comportamentos vai melhorar substancialmente sua eficácia como líder, treinador, pai de família ou integrante de equipe. Quanto antes você compreender isso, mais cedo seus resultados surgirão.

Comportamento e personalidade

Muitas vezes fazemos julgamentos precipitados em relação a uma pessoa, em virtude de um comportamento isolado, sem avaliar o contexto em que ela está inserida. Por exemplo, sempre que Rui compra bebidas para a lanchonete de um determinado fornecedor, enfrenta problemas com a entrega dos produtos. Certa vez, após dias de espera e queixas dos clientes pela falta da bebida, ele decidiu ligar para cobrar uma satisfação. No entanto, depois de incontáveis minutos de espera para falar com um representante da fabricante, acabou transferido de atendente em atendente. Por fim, a ligação "caiu".

Um cliente que não sabia de nada do que ocorria até ali viu Rui esbravejando, xingando e pulando, com o celular em punho e vermelho de raiva, na calçada da lanchonete. Do alto de sua tranquilidade, pensou: "Que cara louco, de que adianta se estressar assim por causa de uma ligação banal?".

No entanto, será que Rui é mesmo doido e nervoso ou apenas manifestou uma reação, um comportamento exaltado pontual? Para saber qual das duas hipóteses está correta, precisamos conhecê-lo mais detalhadamente. De qualquer forma, no momento da ligação interrompida, Rui, o "louco", estava só expressando um comportamento.

E para quem apenas testemunha algo assim é impossível saber se aquela reação faz parte da personalidade do outro, visto que desconhece as situações que o levaram a tal atitude.

Para não julgar uma pessoa que "perdeu o controle" como alguém que "é descontrolado", precisamos saber diferenciar as reações momentâneas daquilo que pode ser considerado permanente nas pessoas. A personalidade é composta do conjunto de características de uma pessoa que explica padrões consistentes de sentimentos, pensamentos e comportamentos. Por isso, o comportamento é uma parte de um todo, sendo uma exteriorização da personalidade.

O que faz as pessoas se comportarem de determinada maneira em certas situações são os eventos internos e externos do comportamento, que podem ser chamados de forças propulsoras do comportamento humano. Quais são essas forças e como elas podem impulsionar as suas tomadas de decisão? Para descobrir o melhor caminho e encontrar essas respostas, o conceito DISC é uma excelente ferramenta.

Cada um no seu quadrante

Por meio do DISC é possível prever algumas probabilidades de ações, reações e tendências comportamentais de uma pessoa com o uso de indicadores. A metodologia permite ainda obter uma análise do perfil e estilo comportamental de um gestor, por exemplo, e, consequentemente, elevar os níveis de satisfação no ambiente em que ele atua, por meio das funções que pode exercer em determinada atividade e das pessoas com as quais se relaciona na empresa ou na vida pessoal.

A teoria DISC também é capaz de otimizar o que as pessoas têm de melhor e fortalecer aquilo de que elas precisam para chegar aonde querem. Em resumo, a metodologia gera muitas possibilidades de desenvolvimento, habilidades e produtividade em todos os aspectos da vida. É importante deixar claro, porém, que o DISC não mede nem avalia níveis de inteligência, honestidade, caráter e personalidade das pessoas.

A ferramenta DISC tem por base um modelo de quadrantes comportamentais, que representam a descrição de quatro padrões básicos. D = Dominante, I = Influente, S = eStável (ou Sereno), C = Cauteloso (ou Conformidade em relação a regras). Os comportamentos dos seres humanos possuem os mais variados estilos, mas foram encaixados dentro de cada um dos padrões do DISC, sendo que alguns estilos podem ser compatíveis com até três padrões.

Para um gestor é vital aprender a identificar seu estilo como forma de obter melhores resultados no trato com clientes, funcionários e parceiros. Isso é possível por meio da análise dos quadrantes comportamentais do DISC, cujo objetivo é confirmar seu padrão predominante, assim como mapear os padrões das pessoas com quem vamos nos relacionar. Dessa maneira, podemos utilizar a melhor estratégia comportamental para que a comunicação flua e seja realizado o objetivo que está por trás, assim causando um relacionamento positivo com quaisquer que sejam as combinações dos padrões.

Exemplos disso ocorrem com dois dos nossos personagens. Jairo não consegue estabelecer uma boa comunicação com Jorge, seu único funcionário na loja de produtos de limpeza. O chefe quer que o negócio decole; por isso, coloca a mão na massa o tempo todo. E acredita que ao vê-lo, o rapaz também fará o mesmo. Mas Jorge não tem um perfil proativo. É do tipo que precisa receber uma determinação expressa para começar a se mexer. E esse impasse tem gerado estresse no gestor e perda de alguns clientes, que, insatisfeitos com o atendimento do funcionário, não voltam.

Já no salão de Mariana, o problema tem sido Érica, gerente do local e prima da dona. Com pouca visão estratégica, a funcionária tem irritado Mariana, que não esconde o desconforto. Mas como Érica também tem "gênio forte", algumas clientes já flagraram as primas discutindo em certas ocasiões no meio do expediente, algo que deixa uma péssima impressão. Certamente, há quem prefira fazer as unhas em um local com menos atritos.

A falta de comunicação descrita nos casos acima, além de gerar situações desagradáveis, também acarreta prejuízos à imagem dos locais e perdas financeiras diretas, uma vez que um cliente que não volta é, por si só, dinheiro a menos no caixa da empresa. Pior é se você começar a calcular os potenciais consumidores que deixou de ganhar. Aqueles que vão evitar o seu negócio motivados pela divulgação negativa feita pelos clientes insatisfeitos. Seus concorrentes, entretanto, vão agradecer.

Independentemente da peculiaridade de cada padrão, você perceberá que, nos quadrantes, as características de certa forma se assemelham. Primeiramente, vamos avaliar o quadrante do comportamento do indivíduo; em seguida, como ele se relaciona com o ambiente. Entre as principais características dos padrões, podemos perceber que as mais marcantes são:

DOMINANTE: foco em tarefas, orientado a resultados – objetivo, direto e assertivo.

INFLUENTE: foco em pessoas, orientado à comunicação, alegre, sorridente e otimista.

ESTÁVEL: foco em harmonização, orientado a rotinas, amável, paciente, persistente.

CAUTELOSO: foco em fatos concretos, orientado a regras, preciso, lógico e cuidadoso.

De cara, sugiro que você procure analisar seu estilo de comportamento e verifique em qual dos quatro padrões se enquadra melhor. Mais adiante, vamos detalhar cada um dos padrões e suas respectivas características. No entanto, como imagino que você deve estar se perguntando de onde veio o DISC, vejamos.

História e fundamentação

O estudo dos grupos de comportamento ou temperamento humano teve início com os filósofos gregos, no século VI a.C. Foi Hipócrates,

Um empreendedor, de fato,
é alguém que, como o nome diz,
empreende e consegue ter êxito
com o que empreendeu.

considerado o "pai da Medicina", sábio grego, quem primeiro classificou os doentes em quatro tipos, ao observar que cada um deles apresentava uma hipertrofia ou um desenvolvimento excessivo de um sistema ou função, assim, concluindo que o estado fisiológico está intrinsecamente ligado ao comportamento humano.

Hipócrates enumerou os quatro aparelhos anatômicos como a base para determinar os temperamentos, tais como: respiratório (sanguíneo), osteomuscular (colérico), nervoso central (nervoso ou melancólico) e digestivo (linfático ou fleumático). A partir daí se permitiu um conhecimento mais profundo sobre o comportamento humano ao longo do tempo, evoluindo por meio dos romanos, dos árabes, dos astrólogos (fogo, ar, água e terra) até os estudiosos mais modernos da atualidade.

Temperamento deriva do termo em latim temperamentum *de* "tempere", *significando combinar em justas proporções. O temperamento é inato ao homem, é o seu modo de ser produzido pela carga genética. Assim, os quatro grupos de comportamento humano decorrem do desenvolvimento natural de estudos balizados. Os seus componentes representam as formas como as pessoas se comportam e relacionam-se entre si.*

O sistema DISC atual não se afasta desse contexto. Todas as pessoas apresentam, em sua personalidade, alguma característica do DISC. A combinação e a predominância de um elemento na personalidade e no temperamento da pessoa são o que a torna diferente das demais.[2]

As dimensões DISC não apresentam, previamente, juízo de valor, ou seja, não são qualificadas como boas ou ruins. Em uma avaliação

---

[2] ATOOLS. *Disc premium*. Trecho retirado de: <https://a.tools/wp-content/uploads/2018/05/disc-premium.pdf>. Acesso em: 14 ago. 2018.

DISC, a característica encontrada pode constituir fortalezas e trunfos ou fraquezas e limitações. Depende muito mais do uso que se faz dela e do momento em que essa avaliação é usada do que propriamente da característica.

Até a versão atual

Foi o psicólogo norte-americano William Moulton Marston (1893-1947), formado em Harvard e ph.D. em psicologia, quem criou, na década de 1920, a teoria dos tipos básicos de respostas comportamentais inerentes aos seres humanos. Essas respostas são como os pilares do comportamento humano, e a partir delas se formam as outras emoções e sentimentos.

As bases para o desenvolvimento da teoria DISC foram levantadas no livro *Emotions of Normal People* [Emoções das pessoas normais], lançado por Marston em 1928.

Os estudos de Marston indicaram um modelo dinâmico de comportamentos pelo qual cada indivíduo transita. Todo mundo possui um ou dois principais estilos comportamentais que se destacam dos outros,

Para um gestor é vital aprender a identificar seu estilo como forma de obter melhores resultados no trato com clientes, funcionários e parceiros.

que, combinados com outros comportamentos, definem a personalidade da pessoa.

A ideia de centralizar os comportamentos em quatro principais pilares foi proposta pelo também psicólogo norte-americano, diretor de ciências comportamentais da Universidade de Minnesota, John G. Geier (1934-2009), em 1958. Antes da criação de Geier e desde os primeiros estudos de Marston, teorias e ferramentas vinham sendo experimentadas na intenção de transformar o modelo de Marston em algo aplicável, porém as iniciativas esbarravam em meras suposições, sem comprovações científicas.

Depois de criar o DISC, Geier buscou aprofundar os estudos de comportamento e fundou a Performax Inc., que, no final da década de 1970, seria comprada pela Carlson Company Inc. e feita peça-chave da Carlson Learning Company, empresa que hoje detém as bases mundiais do sistema DISC. Nos próximos capítulos, apresento o detalhamento de cada um dos quatro perfis comportamentais que o DISC define como principais.

Capítulo 7

Que tipo de empreendedor é você?

Como gestor você se considera alguém agressivo ou comunicativo? Descontraído ou analítico? Prefere evitar atritos com os outros ou fala o que pensa sem medir as consequências disso? Como já começamos a verificar, a ferramenta DISC traz em seus padrões uma série de aspectos do comportamento humano. Por isso, conhecê-los melhor pode ajudá-lo, na posição de empreendedor, a entender por que diante de uma situação específica ou um problema você age ou reage de determinada forma. Verifique nas próximas páginas quais características estão mais identificadas com seu perfil comportamental. Esse é o primeiro passo para iniciar uma mudança que pode fazer toda a diferença para o seu sucesso.

Outro exercício válido a partir desse conhecimento é passar a perceber quais são os aspectos de comportamento das pessoas presentes na sua empresa para, assim, buscar entender quais são os padrões predominantes em cada uma delas. Saber quais são as habilidades de funcionários e parceiros pode ser algo bastante útil para colocar a pessoa numa posição ou função em que sua performance seja mais eficiente. Tal iniciativa pode significar maior reconhecimento do valor do funcionário e, por extensão, com fôlego renovado, ele acaba produzindo mais e melhor. Todos ganham: a empresa, o funcionário e o ambiente de trabalho. Saber mais sobre os perfis comportamentais também pode ajudá-lo no trato diário com os integrantes da sua equipe ou entre eles.

Por exemplo, na equipe de Rui há um jovem garçom que anda insatisfeito com o trabalho simplesmente por ser uma pessoa de perfil mais reservado. Como ele não é muito de falar, acaba sem desenvoltura para lidar com alguns clientes. No entanto, apesar da pouca idade, o funcionário é responsável, concentrado e gosta muito de matemática. Poderia ser muito mais bem utilizado se fosse deslocado para a posição de caixa da lanchonete. No entanto, Rui não sabe de nada disso por não ter a sensibilidade para entender os perfis de seus funcionários.

Pelo mesmo motivo, Mariana perdeu sua melhor maquiadora. A moça achou que não tinha seu talento valorizado pela gestora e foi para o salão vizinho, levando consigo algumas clientes cativas de seus serviços. Faltou sensibilidade a Mariana, que teria contornado a situação se tivesse notado os sinais que a ex-funcionária emitiu antes de decidir sair. Em vez disso, apenas sentiu-se traída e classificou o ato da maquiadora como "ingratidão".

Como você pode verificar, não faltam motivos para se empenhar no intuito de desenvolver essa habilidade. Pelo bem do seu negócio, mãos à obra. Vamos ver e avaliar cada um dos padrões de comportamento.

Para ajudar você e sua equipe de trabalho, destaco a seguir indicações para potencializar a performance, facilitar o reconhecimento do padrão predominante de cada indivíduo e algumas orientações para ter sucesso na comunicação com representantes dos diferentes perfis comportamentais. Estude e observe você e os que estão a sua volta para melhorar dia após dia.

Padrão D

Pessoas que apresentam o padrão D têm como características marcantes competitividade, agressividade, velocidade de decisão e foco em resultado. Por serem muito enérgicas, seus movimentos são rápidos, expansivos e firmes. Gostam de correr riscos e de fazer muitas coisas ao mesmo tempo. Estão sempre correndo contra o relógio, mesmo quando não estão atrasadas. Sua palavra de ordem é DOMINAR. Adoram ter o controle e o poder sobre tudo e todos ao seu redor.

Como são extremamente dinâmicos, esses indivíduos prezam por desafios e mudanças, e qualquer ambiente que ofereça muita constância e atividades repetitivas pode desmotivar e até levá-los a uma ação hostil. Podem ser impacientes e, às vezes, interpretados como arrogantes e rudes pela forma dura e direta de se comunicarem. Na maior parte do tempo, não são bons ouvintes, visto que seu foco não está em se relacionar com os demais, mas em resultados e realizações.

Munidos de uma impulsividade agressiva, podem tomar decisões repentinas, sem levar em consideração opiniões e sentimentos alheios. Quem tem esse padrão comportamental não mede esforços para atingir

O autoconhecimento e o autodesenvolvimento são os primeiros passos para obter alta performance e sucesso, tanto na sua vida pessoal quanto na profissional.

o resultado que almeja, pois fracasso é uma palavra que não existe em seu dicionário. Seu estilo de comunicação é dar ordens.

Para potencializar sua performance, a pessoa com o padrão D deve:

Diminuir o ritmo e ser mais paciente.

Não tirar conclusões ou tomar decisões apressadamente.

Escutar mais os outros.

Ter mais ciência do seu impacto sobre os outros.

Não reagir exageradamente.

Para ter sucesso na comunicação com uma pessoa com o padrão D, lembre-se de:

Ser direto e específico.

Fornecer alternativas.

Assegurar que ela "ganhe".

Discordar somente com fatos.

Apreciar a batalha.

Não ser emotivo.

Não dominar ou não "passar por cima" dela.

Atuar rapidamente, tendo em vista que ela decide rápido.

Para reconhecer uma pessoa com o padrão D, observe que ela:

Parece estar sempre com pressa.

É direta e diz o que pensa.

Pode ser rude.

Coloca as próprias opiniões como fatos.

Interrompe os outros.

Tende a falar com muitas pessoas ao mesmo tempo.

Quer saber "qual é o desfecho ou resultado".

Quer entender também "como isso a beneficia".

É agressiva.

É exigente.

É muito impaciente.

Fica irritada facilmente.

Padrão I

As características principais das pessoas que apresentam o padrão I são receptividade, facilidade em se comunicar e se expressar, otimismo e extroversão. Essas pessoas têm seu foco no relacionamento com os outros. São espontâneas e entusiastas. Tendem a ser populares por onde passam e, como ponto de referência, acabam tendo facilidade para influenciar a todos.

Muito falantes e emocionais, acabam deixando de lado a necessidade de ouvir, podendo desmotivar quem está do outro lado apenas como espectador. Pessoas com esse padrão de comportamento gostam de ser o foco das atenções e podem prometer demais, porque são muito otimistas e ansiosas por aprovação social.

Os outros podem percebê-las como pessoas descuidadas, impulsivas e com dificuldade para fazer acompanhamento, por causa da falta de atenção aos detalhes. A palavra de ordem aqui é INFLUENCIAR. Conquistar o que outros têm dificuldade eleva a motivação das pessoas com o padrão I às alturas.

Esses indivíduos podem ser vistos como impacientes e impulsivos na forma de agir, pois mudanças constantes fazem parte da sua rotina habitual. Gostam de trabalhar e de estar com muitas pessoas. Apreciam ambientes barulhentos, onde todos falem ao mesmo tempo. São gregários para equipes uma vez que seu bom humor e otimismo contagiam. Quem tem esse padrão comportamental é ótimo para conquistar clientes e vendas.

Para potencializar sua performance, a pessoa com o padrão I deve:

Falar menos e escutar mais.

Não reagir emocionalmente.

Evitar promessas que não possa cumprir.

Manter o foco mais nos detalhes.

Fazer acompanhamento.

Para ter sucesso na comunicação com uma pessoa com o padrão I, lembre-se de:

Ser um amigo, não ignorar.

Agendar tempo para conversar.

Divertir-se e agir descontraidamente.

Deixá-la falar.

Dar reconhecimento.

Falar sobre pessoas e sentimentos.

Lembrar-se de acompanhar.

Aproximar-se.

Para reconhecer uma pessoa com o padrão I, observe que ela:

É aberta e amigável.

Fala muito.

Entusiasma-se facilmente.

É animada.

Fala sobre pessoas que conhece.

Não foca muito os detalhes.

Não escuta por muito tempo.

Não presta muita atenção.

Pode fazer as mesmas perguntas várias vezes.

Pula de assunto em assunto.

Mantém distância de assuntos difíceis.

Padrão S

Pessoas que apresentam o padrão S são calmas, prestativas, pacientes, modestas e descontraídas. ESTABILIDADE é a palavra de ordem que as representa. São ansiosas em ajudar, leais e, muitas vezes, excelentes integrantes de equipe. Falam com calma e serenidade e têm habilidade para ouvir, independentemente da situação em que se encontram. Podem anular a própria necessidade para atender à do outro.

Confiáveis e equilibrados com as tarefas e pessoas, são indivíduos muito persistentes e evitam mudanças que não estejam pautadas em seu senso de justiça ou segurança. Prezam por estabilidade, portanto decisões impulsivas ou automáticas são coisas que não se pode esperar das pessoas com esse padrão. Elas podem ser muito dispostas a trabalhar, o que, por vezes, é uma grande vantagem. Outros podem percebê-las como muito lentas, presas a um *status quo*, indecisas, teimosas e até silenciosamente ressentidas.

Quem tem esse padrão comportamental deixa o ambiente harmônico por ser um excelente companheiro de trabalho. Tem facilidade de lidar com todos os temperamentos de pessoas e agrega valor para a equipe por sempre estar disposto a ajudar. Como é mais preocupado com pessoas do que com os resultados, precisa ser direcionado em relação a prazos e metas.

Para potencializar sua performance, a pessoa com o padrão S deve:

Ser mais assertiva e ativa.

Falar mais alto.

Agir no presente, pensar menos.

Manter suas emoções sob controle.

Não ter receio de mudanças e coisas novas.

Para ter sucesso na comunicação com uma pessoa com o padrão S, lembre-se de:

Fazer muitas perguntas.

Estudar as especificações e outras informações cuidadosamente.

Atuar de maneira cautelosa.

Não expressar pontos de vista discordantes com facilidade.

Poder se aprofundar em um assunto previamente.

Evitar entrar em atrito de maneira desnecessária.

Não elevar o tom de voz exageradamente.

Para reconhecer uma pessoa com o padrão S, observe que ela:

Parece calma.

Não fica entusiasmada com facilidade.

Escuta cautelosamente.

Concorda e vai em frente.

É tranquila.

Faz perguntas e questionamentos sobre assuntos específicos.

Parece ter opiniões fortes, mas não as expressa verbalmente.

Saber quais são as habilidades de funcionários e parceiros pode ser algo bastante útil para colocar a pessoa numa posição ou função em que sua performance seja mais eficiente.

Parece atenciosa.

Pode se sentir desconfortável com ideias ou pensamentos novos.

Tende a ser muito crítica.

Faz críticas baseadas em fatos, não em opiniões.

Padrão C

Pessoas que apresentam o padrão C são precisas, lógicas, factuais, analíticas e cuidadosas. Elas precisam ter o controle do ambiente e dos fatos para que não contem com o fator surpresa. Assim como as com o padrão S, também não gostam de mudanças e fazem de tudo para manter a ordem do ambiente, evitando ter de mudar a direção. Gostam de dados, informações e análises e, por serem mais racionais, dão prioridade aos resultados.

Também são introspectivas e reservadas, preferem trabalhar no silêncio, concentradas e com pessoas que tenham as mesmas características que elas. A palavra de ordem que define esse padrão é CALCULISTA, pois são focadas em tarefas e em garantir que as coisas sejam feitas corretamente.

Quem vai empreender precisa fazer com que suas atitudes como gestor sejam marcadas por um fator positivo, fruto do seu comportamento ou do seu estilo.

Tendem a produzir trabalho de alta qualidade. No entanto, por manterem muito o foco nos detalhes, tornando-se minuciosos e lentos, esses indivíduos podem facilmente perder a visão do todo. Os outros podem percebê-los como muito críticos, distantes, pessimistas e até frios.

Dificilmente têm atrito com as pessoas, pois enfrentar conflitos é o receio básico dos que têm esse padrão. Mesmo quando julgam algo como errado, sua forma de expor é indireta e seca, o que pode ser interpretado como dificuldade em se relacionar.

Podem se frustrar se forem colocados em ambientes onde as conversas são superficiais. São ótimos para estabelecer a ordem e disciplina no local, bem como a qualidade nos processos de trabalho.

Para potencializar sua performance, a pessoa com o padrão C deve:

Falar mais.

Decidir e entrar em ação mais rapidamente.

Não ter receio de cometer erros.

Não perder o panorama geral.

Aceitar a ambiguidade.

Para ter sucesso na comunicação com uma pessoa com o padrão C, lembre-se de:

Fornecer fatos.

Evitar tocar.

Ser paciente e reduzir o ritmo.

Fornecer informação muito detalhada.

Controlar a própria atividade.

Não falar sobre assuntos pessoais.

Não pressionar.

Manter o foco nos assuntos.

Para reconhecer uma pessoa com o padrão C, observe que ela:

Parece reservada e, de alguma forma, tímida.

É quieta.

Mantém o foco em detalhes.

Tende ao perfeccionismo.

É teimosa.

Capítulo 8

Relacionamento entre os perfis

Até aqui, nossa jornada pelo autoconhecimento já acumula elementos importantes, como as respostas às dúvidas dos nossos personagens e os aspectos que formam os padrões de comportamento do DISC (Dominante, Influente, Estável e Cauteloso), detalhados no capítulo anterior. Existem, no entanto, muitas outras ferramentas úteis para que você possa exercer o seu papel de gestor com mais segurança e precisão, seja na condução do seu negócio ou nas relações com as pessoas ligadas à sua empresa. Vamos conhecer mais algumas delas.

Também chamadas de quatro emoções primárias ou tendências comportamentais primárias, os padrões que compõem o DISC são divididos por dois eixos (horizontal e vertical) que representam algumas características básicas quando interseccionados com os quadrantes de cada categoria. O eixo horizontal tem, em sua ponta esquerda, os perfis voltados ao questionamento. São aqueles mais desafiadores, céticos e objetivos, que focam a lógica das ações e das ideias. No lado direito do eixo horizontal estão aqueles mais aptos aos relacionamentos humanos por serem empáticos, receptivos e agradáveis.

Já o eixo vertical tem em sua base o caráter mais pensativo ou contemplativo dos comportamentos, que engloba perfis moderados, calmos, metódicos e cuidadosos. No alto do eixo vertical estão os comportamentos mais ativos, os acelerados, assertivos, dinâmicos e arrojados. Em resumo, o eixo norte orienta para ação, o sul para estabilidade, o oeste (esquerda) para desafios, e o leste (direita) para colaboração.

É preciso ressaltar que o perfil comportamental de qualquer pessoa fatalmente será composto de um percentual, ainda que mínimo, das quatro vertentes (Dominância, Influência, Estabilidade e Conformidade). A preponderância de um ou dois estilos é o que vai definir a tendência comportamental predominante de cada indivíduo.

Érica, a gerente e prima de Mariana, por exemplo, tem características marcantes do padrão I, por isso não é de prestar muita atenção nas coisas, dificilmente foca os detalhes e costuma manter distância de assuntos mais difíceis. Porém, como também tem elementos comportamentais de S, ela tende a ser muito crítica, não é de ficar entusiasmada com facilidade e fica desconfortável diante de ideias e comportamentos novos.

Diferenças que somam

Para alguém que tem o desafio de empreender, a característica mais relevante oferecida pela ferramenta DISC é proporcionar o autoconhecimento e as possibilidades de melhorar relacionamentos profissionais e pessoais – algo que tem grande valor quando estamos falando de times de trabalho e em um universo muitas vezes marcado pela alta competitividade, em que detalhes podem fazer a diferença e representar ganhos ou perdas substanciais. Porém, é importante ressaltar que, por mais diferentes que sejam as pessoas e suas qualificações no DISC, é fundamental que um líder encontre maneiras para promover o bom convívio entre elas.

Por exemplo, segundo estudos apresentados pelo especialista em análise comportamental Allyn Cutts, duas pessoas com alto padrão D podem se relacionar de maneira mais fácil. Isso vale ainda quando uma delas tem alto D e a outra, alto I, ou mesmo um alto D com um alto S. É mais cômodo, inclusive, procurar perfis mais semelhantes aos nossos, algo que faz parte da natureza do ser humano. Aparentemente, ninguém gosta de ficar discutindo todo santo dia com aquela pessoa que parece sempre pensar diferente dela.

Todos os perfis, porém, podem e devem se relacionar. Não apenas é algo inevitável, como é enriquecedora a convivência com pessoas com padrões distintos. No caso do seu negócio, por mais desafiador que possa parecer ter colaboradores que pensem de maneira oposta a você ou que em algumas ocasiões não concordem entre eles, com um bom trabalho de gestão essas diferenças podem fortalecer a sua empresa. Quando há comunicação efetiva, equipes ricas em diferenças possuem grande potencial.

Tenha em mente que cada pessoa possui fraquezas e trunfos, fortalezas e necessidades de desenvolvimento. Isso vale para você, para o melhor profissional com quem você já tenha convivido ou para aquele que na sua memória possa ser o pior. Um grupo de trabalho com mais diversidade, porém, condensando e potencializando os inúmeros

As pessoas de sucesso conhecem suas tendências de conduta e aprendem a adaptar o próprio estilo.

pontos fortes de seus integrantes, é capaz de compensar qualquer fragilidade. No limite, o time ideal pode qualquer coisa, independentemente da especialidade.

Os melhores gestores sabem que o trabalho em equipe, mais do que pessoas se esforçando em busca de um mesmo objetivo, exige complemento. Por esse motivo, seja como parte de um grupo ou apenas nas inevitáveis interações sociais e cotidianas, é preciso respeitar as diferenças, identificar qualidades e buscar níveis mais elevados de efetividade, respeito e harmonia. Muitas pessoas que têm discrepantes estilos comportamentais podem mesmo assim construir relacionamentos duradouros e bem-sucedidos. O modelo DISC interpreta como agimos e, com isso, pode auxiliar um líder nessa tarefa, que pode ser desafiadora em muitos momentos.

A profundidade de cada uma das dimensões na formação do perfil comportamental de uma pessoa pode ser medida por meio de um exercício cuidadoso de escuta e observação. Entender todos os quatro diferentes estilos articulados em um perfil comportamental dará conhecimento mais aprofundado da linguagem DISC e sua capacidade de mudar relacionamentos interpessoais em nível profissional e pessoal.

Não resta dúvida de que o caminho para a construção de relacionamentos duradouros e produtivos se dá por meio de muito respeito e da boa comunicação. Por isso, para o gestor, a missão é cultivar em sua empresa um ambiente em que esses dois elementos estejam sempre bem valorizados. Apesar de as diferenças entre os perfis comportamentais serem importantes, existem pontos comuns que podem e devem ser explorados por quem está numa posição de liderança na construção da linguagem que se pretende construir dentro do ambiente familiar, de trabalho ou qualquer outro.

Compatibilidade e conhecimento

As diferenças de cada perfil de comportamento, mesmo aqueles que sejam mais distintos, podem se completar se as pessoas tiverem um norte que as aproxime. Por isso, observa-se em muitos times indivíduos que, apesar de demonstrarem comportamentos opostos, conseguem conquistar resultados excelentes trabalhando juntos. Cabe mais uma vez ao gestor aprender como combinar melhor cada perfil de colaborador existente em sua empresa com o intuito de obter os melhores frutos.

Entre os perfis D e I, por exemplo, o ritmo rápido, a assertividade e o dinamismo são traços em comum. Já entre os perfis I e S, por sua vez, há em comum a empatia, a atenção às pessoas e interações sociais. A tarefa de fazer com que essa compatibilidade ocorra, porém, não é algo fácil ou automático, pois não basta conhecer o seu estilo e o dos outros, é preciso se adaptar também.

E o empreendedor, o dono do negócio, qual será seu papel quando falamos das compatibilidades existentes entre os perfis? Allyn Cutts dá uma dica importante. O especialista afirma que saber interagir com pessoas em todos os níveis com todos os estilos comportamentais é uma importante habilidade a desenvolver. Ainda segundo Cutts, pessoas de todos os padrões de comportamento podem aprender a trabalhar juntas, e é possível adaptar seu estilo para tornar-se mais compatível àqueles a sua volta, resultando em uma comunicação melhor e mais eficiente.

Uma vez que os diferentes estilos comportamentais apresentam características em comum, pode-se deduzir que é possível haver um relacionamento eficiente entre um D e um alto C, dado que ambos compartilham uma abordagem lógica, objetiva e desafiante, apesar do ritmo rápido e do dinamismo de um (D), e da preferência pelo ritmo moderado e procedimental de outro (C).

Em contrapartida, porém, existem perfis que encontram mais ruídos na hora de se relacionar dadas suas posições nos eixos vertical e horizontal, como o I e o C ou o D e o S. Os perfis que "fazem fronteira" nos quadrantes do diagrama DISC se relacionam com mais facilidade. Os demais, que não dividem uma mesma porção dos eixos horizontal e vertical, são mais conflitantes entre si.

Naturalmente, isso aumenta a responsabilidade de quem está no comando do negócio. O desafio aqui passa a ser o de gerir pessoas com traços de comportamento diferentes, sempre pensando no bem da operação em sua totalidade. Afinal, o que precisa ficar bem claro é que o sucesso do empreendimento é o êxito de todos que trabalham nele, o que deve ser independente da forma como cada um tende a se comportar.

O alto I, por exemplo, tendendo a um ritmo rápido, dinâmico, com bastante interação social e diversão, pouco tem em comum com a abordagem procedimental, o ritmo moderado e a baixa necessidade de interação do alto C. Não obstante, o ritmo moderado do alto S, sua preocupação com pessoas e procedimentos, diante do ritmo rápido, do dinamismo e da preocupação com resultados de um alto D, como poderiam se relacionar? Nesses casos, é preciso empreender um esforço

Os melhores gestores sabem que o trabalho em equipe, mais do que pessoas se esforçando em busca de um mesmo objetivo, exige complemento.

maior relacionado à inteligência emocional e comunicação para preencher as lacunas.

Toda pessoa é feita de um ou talvez dois principais padrões comportamentais que se destacam diante dos outros. Estes, então, são combinados com os fatores restantes para definir um estilo comportamental geral. Isso quer dizer que o padrão de comportamento de alguém, mais do que composto de uma tendência dominante, é baseado no equilíbrio entre todas as quatro dimensões DISC. Seja sua presença mais ou menos acentuada, cada tendência influencia a maneira como cada pessoa tende a agir nas situações cotidianas que enfrenta. Precisamos ressaltar aqui que estamos falando de comportamentos e não de personalidade.

Alexandre, o gerente-problema da lanchonete de Rui, por exemplo, tem um alto D, por isso fica irritado facilmente e é agressivo. No entanto, também fala muito e costuma se entusiasmar com certa facilidade, pois tem destacadas características de S em seu perfil. Caberia a Rui, seu gestor, fazer a leitura adequada de como poderia potencializar o que o funcionário tem de melhor e tentar amenizar seus comportamentos nocivos ao dia a dia de seu comércio.

Conhecendo a teoria DISC somos capazes de refletir a respeito de maneiras de melhor nos adaptarmos a diferentes pessoas à nossa volta, sabendo que comportamentos devemos destacar, frear ou conduzir de modo mais adequado. Para quem deseja que seu negócio trilhe o caminho rumo ao sucesso, essas habilidades são fundamentais. Tal qual o técnico de um time, você precisa saber em qual posição seus colaboradores podem obter o seu melhor desempenho e quais combinações entre eles oferece o maior potencial. Seus clientes e sua empresa agradecem desde já.

Capítulo 9

Sucesso para quem tem conhecimento

Se você já percebeu que se conhecer melhor e compreender aqueles que estão envolvidos no seu negócio pode fazer toda a diferença, veja outras três informações sobre a importância do autoconhecimento e do conhecimento sobre as demais pessoas.

- Pessoas com baixos autoconhecimento e conhecimento a respeito dos outros provavelmente atingirão níveis baixos de sucesso.
- Pessoas com bastante autoconhecimento, mas baixo conhecimento a respeito dos outros (e vice-versa) tendem a conquistar apenas níveis medianos de sucesso.

- Pessoas com alto nível de autoconhecimento assim como de conhecimento a respeito dos outros têm grandes chances de alcançar altos níveis de sucesso.

O que isso revela, apesar de bastante simples, é vital. O sucesso vai muito além das competências técnicas: ele depende do conhecimento sobre si mesmo e sobre aqueles com quem a pessoa se relaciona. Em grande escala, é a capacidade de interagir eficazmente com chefes, colegas, clientes e subordinados que poderá garantir um maior nível de felicidade, menor nível de estresse e melhores resultados.

E isso é algo comprovado. Segundo um estudo conjunto realizado pelo Instituto de Pesquisa da Universidade Stanford, pela Universidade Harvard e pela Fundação Carnegie, apenas 15% das razões pelas quais as pessoas conseguem uma promoção, se mantêm ou conquistam um emprego estão relacionadas à capacidade e aos conhecimentos técnicos. Os 85% restantes estão ligados à capacidade para relacionar-se com os outros, além do grau de conhecimento sobre o comportamento humano que a pessoa possui.[3] E convenhamos, é muito mais fácil adquirir conhecimento técnico do que dominar habilidades com pessoas.

Nas empresas de nossos personagens não é diferente. Os problemas enfrentados pela lanchonete de Rui não ocorrem por falta de conhecimento e capacidade técnica de sua equipe. Na verdade, o que tem travado o negócio é a insatisfação de alguns funcionários e o comportamento inadequado desse ou daquele colaborador. Na loja de Jairo, é Jorge – que não está ali por gosto, mas por falta de alternativa – quem tem deixado o chefe sobrecarregado e estressado. Novamente o

---

[3] SLAC COACHING. *3 motivos para que todo profissional passe pela DISC.* Disponível em: <https://www.slacoaching.com.br/3-bons-motivos-para-que-todo-profissional-passe-pela-disc-com-devolutiva>. Acesso em: 1 ago. 2018.

transtorno é fruto do perfil comportamental, dessa vez de um ajudante que não ajuda. Por fim, Mariana também sofre não por seu time não saber o que fazer, mas porque algumas peças agem de maneira inadequada, como a prima-gerente Érica, ou até pela perda de talentos para a concorrência, como no caso da maquiadora que não se sentiu valorizada pela gestora.

Porém, acredite, com subsídio de técnicas e métodos, é possível criar uma linguagem comum, adequada e respeitosa com as pessoas dos mais diferentes perfis, permitindo a convivência e a comunicação harmoniosa entre todas e quaisquer pessoas, ampliando as chances de obter sucesso nas relações, aumentando a satisfação pessoal e reduzindo o estresse, não só em relação a si mesmo, mas nas pessoas com as quais se relaciona. É isso que a ferramenta DISC faz por meio de sua metodologia: compreender pessoas com diferentes perfis comportamentais e propor diferentes maneiras de motivar cada uma delas, fortalecendo qualidades e atenuando defeitos.

Ao aprender análise comportamental, o primeiro impulso é sair por aí analisando as pessoas. Contudo, para melhorar as relações consigo e com o mundo é preciso, primeiro, conhecer a si próprio e se aceitar. Não basta voltar os olhos apenas para os outros, é primordial olhar para dentro. Todas as pessoas possuem forças, fraquezas e potenciais a serem desenvolvidos. É preciso levar em conta, ainda, que certas características são apreciadas em certas situações e depreciadas em outras e que nem todos têm o domínio sobre o momento certo e a intensidade de usar essas características.

Por exemplo, pessoas muito ativas podem perder o senso de urgência quando a situação requer contemplação e raciocínio profundo. É preciso

O sucesso vai muito além das competências técnicas: ele depende do conhecimento sobre si mesmo e sobre aqueles com quem a pessoa se relaciona.

saber, portanto, compreender as pessoas e as características próprias e os momentos que pedem a aplicação de cada característica.

Além disso, ao identificar o perfil comportamental de um colaborador, as necessidades dele podem ser sanadas em maior grau. Dessa maneira, cresce o valor das pessoas para a equipe e a organização. Para líderes empresariais, serve para ter uma visão mais clara do ambiente ideal para cada pessoa trabalhar, a maneira mais adequada para se relacionar com ela e pontos sensíveis de conflito. Isso tende a criar um ambiente muito mais produtivo e satisfatório para todos.

Evite as bolhas

Em paralelo, todo mundo já se perguntou alguma vez por que as pessoas agem como agem. Ou já se pegou pensando: "Por que ele é tão mandão e demandante?"; "Por que ele chega ao trabalho tão falastrão e empolgado?"; "Como ela consegue ser tão calma até nas situações mais estressantes?"; ou ainda "Para que tanta precisão e cautela?". Isso pode ser em relação a um familiar, amigo ou conhecido, que pode até mesmo parecer pertencer a outro mundo, tamanha a diferença de comportamento que apresenta em relação à maioria das pessoas.

Tendo tudo isso em vista, o pesquisador comportamental Allyn Cutts afirma que os seres humanos estão inclinados a gostar e se aproximar de pessoas com estilos parecidos aos deles, porque isso é natural e confortável. Entretanto, em um mundo tão multifacetado é impossível (e pouco saudável) que as pessoas busquem refúgio numa bolha e evitem a convivência com quem pensa ou age de maneira diferente.

Estudos mais recentes apontam que as redes sociais favorecem esse tipo de medo do diferente exatamente pelo caráter que elas têm de reunir grupos de pessoas que pensam e agem de modo parecido, as chamadas bolhas. Ao lidar com comportamentos diferentes, é preciso saber adaptar-se de maneira a conviver respeitosa e harmoniosamente. O sucesso pode, em maior ou menor grau, depender de pessoas do ciclo de convivência, mais ou menos próximas. Essas pessoas podem não ter necessariamente o comportamento padrão baseado nos valores esperados ou com os quais se está acostumado.

Um caso real

Coaching é o termo em inglês que define um processo de desenvolvimento humano, pautado em diversas ciências e técnicas para auxiliar as pessoas e empresas no alcance de metas, no desenvolvimento acelerado e em sua evolução contínua. O processo de *coaching* tem foco 100% em solução, com o objetivo de apoiar a pessoa que busca um desenvolvimento, seja em âmbito pessoal ou profissional. Quando essa ampla análise é feita em relação aos colaboradores de uma empresa, alcançar os objetivos se torna algo mais claro e palpável. Vamos a um exemplo.

Antes de recorrer ao DISC, em um profundo, detalhado e extenso processo de *coaching*, uma grande rede hospitalar do Oriente Médio tinha sérios problemas relacionados ao comportamento de seus funcionários, que frequentemente eram apontados como arrogantes e agressivos por colegas e clientes.[4]

Tudo porque os colaboradores não percebiam o atendimento aos pacientes como uma prioridade. O desafio era, portanto, conquistar a fidelidade do cliente por meio do aprimoramento dos

---

[4] INSCAPE PUBLISHING INC. *Case study – I heart Al Noor!*. Disponível em: <https://www.volo.no/wp-content/uploads/2012/01/Case-Study-Global-Al-Noor.pdf>. Acesso em: 1 ago. 2018.

padrões de atendimento, recriando uma conexão entre a equipe médica e seus pacientes.

Algo na cultura daquela empresa ao longo dos anos transformou o ambiente de trabalho em algo abrasivo, desencadeando comportamento arredio em boa parte dos funcionários. Isso acabou por se transformar em atitudes ofensivas. É a história de atacar para se defender. O desafio, portanto, era enorme, visto que junto com o clima ruim vem a desmotivação e a estigmatização da empresa.

Com um trabalho ao mesmo tempo abrangente e individualizado, foram trabalhadas as tendências comportamentais e atitudes dos funcionários, a identificação de suas aspirações e motivações profissionais e pessoais, além do reconhecimento de suas forças. Também foram identificadas as fraquezas dos colaboradores e como elas estavam atrapalhando muitos dos trabalhadores exatamente porque suas funções e o ambiente corporativo favoreciam.

O sucesso pode, em maior ou menor grau, depender de pessoas do ciclo de convivência, mais ou menos próximas.

Feito isso, a rede hospitalar identificou os problemas aparentemente irresolúveis de comportamento que permeavam toda a empresa e conseguiu solucioná-los de maneira mais que satisfatória. Os profissionais passaram a conhecer a si mesmos e aos demais colegas de profissão por meio do processo de avaliação comportamental DISC, começaram a entender também as necessidades dos pacientes e, assim, adequar-se a elas.

Os resultados foram um enorme aumento na motivação da equipe, que junto com a empresa recuperou o orgulho e a credibilidade no mercado. Cada vez mais, portanto, as organizações têm reconhecido a importância do desenvolvimento das habilidades das pessoas, do engajamento, da melhora da comunicação, entre tantos outros fatores não diretamente técnicos como motivos e diferenciais para sucesso ou fracasso das organizações.

Esse exemplo do mundo real ilustra como uma pessoa ou uma empresa pode se desenvolver com o investimento em ferramentas de *coaching*.

Agora que falamos da importância do desenvolvimento do seu estilo empreendedor, dos perfis DISC, vamos tratar da segunda parte da nossa metodologia. Para seguir em nossa jornada rumo ao sucesso, é preciso fazer a lição de casa. No entanto, você deve estar se perguntando: como começamos? A resposta é: virando a página e lendo as orientações que estão nos próximos capítulos. Está preparado?

Capítulo 10

Faça a lição de casa

Dona de um salão de beleza em Maceió, Mariana sempre quis ser uma empreendedora. Para isso, batalhou muito, nunca teve medo de nenhum tipo de trabalho e perseverou. Hoje, porém, ao ver que o seu negócio mal está pagando as contas, percebe que ser gestora é algo bem mais complicado do que ela imaginava. Por sua vez, embora tenha tido relativo êxito como engenheiro, Rui também sente, no dia a dia, como a tarefa de administrar sua lanchonete é um desafio bem maior do que ele sonhou. Sua habilidade com cálculos complexos muitas vezes parece inútil diante dos problemas cotidianos que surgem na cozinha, no balcão ou no caixa. Talvez em pior situação, Jairo só não jogou a toalha em sua loja e desistiu de tudo porque não admite voltar a ficar desempregado, sobretudo por temer o impacto disso no seu relacionamento com a família. Cada um com os seus dilemas, nossos personagens tentam avaliar em que erraram quando decidiram tirar seus sonhos e propósitos do papel. E o que podem fazer agora para seguir em frente.

Isso nos leva a uma questão: será que todo sonho ou propósito pode ser monetizado, ou seja, pode render dinheiro? A resposta, para Mariana, Rui, Jairo ou qualquer empreendedor é bastante simples: todo objetivo pode ser lucrativo se antes ele for capaz de ser traduzido em um plano de negócio. E ponto. Não há mágica. Se esse desejo ou propósito não for capaz de ser materializado num modelo consistente, com certeza não vai adiante.

É o plano de negócio que define o que é um mero sonho, ou seja, algo intangível, e o que pode ser efetivamente monetizado, o que tem, de fato, a capacidade de vingar. Entre todos os levantamentos e questionamentos primordiais, é esse planejamento que vai verificar qual é a viabilidade daquilo que até então é visto apenas como um sonho, algo utópico. Ou seja, por meio de uma visão crítica, ele checa quais as chances de aquilo se concretizar. Logo, não se pode afirmar que qualquer sonho é passível de render dinheiro. Ele só será, se antes você, como planejador, conseguir colocá-lo, com metodologia adequada, em um modelo de negócio.

Para fazer isso, há uma série de indagações que devem ser consideradas pelo empreendedor. Elas são um verdadeiro divisor de águas para saber se aquilo que você está querendo é somente um desejo, uma viagem, uma fantasia, uma ilusão ou efetivamente tem a capacidade de ser transformado em receita. No final do capítulo 5, apresentamos uma série de questionamentos do tipo. Se estiver na dúvida se o seu projeto tem ou não vocação e viabilidade para sair da esfera de sonho, volte sempre àquelas perguntas. Estude e reflita. Elas o ajudarão na importante tarefa de avaliar o real potencial de seus sonhos.

Como avaliar seu sonho

Ok, agora talvez você esteja se perguntando o que deve levar em conta para saber se um sonho pode ser monetizado. Ou seja, por onde começar para concluir se deve insistir em um propósito ou partir para outra coisa. Como dissemos, obter tais respostas é possível com o estabelecimento de um plano de negócio consistente. É ele que vai, a partir de um exame racional e analítico, questionar se o seu negócio é factível. No entanto, quando falamos de plano de negócio, é importante tratar dos aspectos-chave dessa ferramenta. Vamos fazer isso juntos.

Alguns exemplos de questionamentos para você praticar:

- O que o meu produto ou serviço agrega de valor para o meu consumidor?
- Qual é o impacto do meu negócio para ele?
- Ele está disposto a pagar o que preciso cobrar pelo meu produto ou serviço?
- Como posso fazer a necessidade do meu cliente ser percebida? E como vou fazer o meu consumidor perceber que o meu produto supre aquela necessidade dele, ou seja, resolve aquela necessidade?
- Qual é a capacidade de eu conseguir escalar a venda do meu produto ou serviço?
- Qual é a capacidade de introdução?
- Quem é o meu cliente?

Será que todo sonho ou propósito pode ser monetizado, ou seja, pode render dinheiro?

- Onde estão as pessoas que mais consomem ou podem consumir o meu produto ou serviço?
- Quem é o meu público-alvo e qual a sua faixa etária?
- É homem, é mulher? Qual é o grau de escolaridade?

Mais uma vez, essas são todas perguntas básicas de um modelo de negócio para que a pessoa veja se aquilo que tem em mente é apenas um sonho ou se é um plano efetivamente capaz de ser monetizado.

Nem 8 nem 80

Muitas vezes, quando falamos de tirar um sonho do papel, existe outro problema. Não se trata de uma situação de extremos, algo resumido a 8 ou 80. É um equívoco restringir isso a uma simples questão de se o seu propósito pode ou não render uma receita. Há negócios que monetizam, outros que não geram dinheiro e uma terceira categoria que são os que rendem pouco. E você deve saber que esse negócio que monetiza pouco muitas vezes não satisfaz o empreendedor.

Vamos a um exemplo. O indivíduo acha que o seu sonho é extremamente revolucionário, como levar o homem à Lua. Contudo, na prática, ele não consegue levar a pessoa nem para a cidade vizinha. Ou seja, aquele negócio não vai mudar muita coisa. Assim, ele até vê que o negócio tem potencial para render algum dinheiro, mas não o quanto ele gostaria. Portanto, é importante deixar claro que nesse ponto existe o 8, o 80, mas também há o meio do caminho.

Assim, é preciso ressaltar a diferença: viabilizar o sonho é uma coisa, já monetizar a partir dele é outra, completamente diferente. É possível viabilizar um propósito, porém pode ser que quando materializado no mundo real ele simplesmente não funcione como algo lucrativo. E o empreendedor deve ter isto bem claro: saber que aquele sonho não paga a conta. Caso ele tenha essa clareza, não há nada de errado. O que não se pode fazer é gerar uma expectativa sobre algo que não possui a capacidade de trazer contrapartidas a você.

Coisa de cinema

Apresento mais alguns dados para ajudá-lo a refletir sobre a importância de um plano de negócio antes de querer tirar um sonho da cabeça e partir para a execução. Vamos avaliar o modelo da Cinemark, por exemplo, uma rede presente em dezesseis países. Qual é o negócio deles? Bom, qualquer um responderia cinema, certo? Está até no nome. Mas nada de se apressar. Em cinemas do tipo multiplex, com várias salas em um mesmo lugar, o comércio de pipoca, refrigerante e associados responde por boa parte do dinheiro que entra no caixa das empresas.

Para que você tenha uma ideia, há estimativas que apontam que, nos Estados Unidos, as vendas de pipoca e agregados respondem por 45% do lucro dos cinemas. Trata-se, no entanto, de um segredo muito bem guardado por essa indústria. Mais recentemente, as bonbonnière desses espaços ganharam novos itens, como nachos, nuggets e pão de queijo, para aumentar a receita. Quem quiser levar um copo temático do sucesso a que foi assistir na telona também encontra por lá. E vai bem além disso.[5]

---

[5] SUPERINTERESSANTE. *Quando surgiu o hábito de comer pipoca no cinema?*. Disponível em: <https://super.abril.com.br/mundo-estranho/quando-surgiu-o-habito-de-comer-pipoca-no-cinema/>. Acesso em: 1 ago. 2018.
GAZETA DO POVO. *Pipoca, o alimento que sustenta a indústria cinematográfica.* Disponível em: <https://www.gazetadopovo.com.br/cultura/pipoca-o-alimento-que-sustenta-a-industria-cinematografica-dpv22cx8x59wg20xtdu8gwh0j>. Acesso em: 1 ago. 2018.

Em algumas das 617 salas da Cinemark no Brasil, há poltronas reclináveis e muito confortáveis. Para aquele momento ser especial, nesses locais existem cardápios premium, com a possibilidade de você assistir ao seu filme bebendo uma dose de um uísque 18 anos ou escolher entre um vinho branco argentino, tinto espanhol, *rosé* francês ou espumante italiano, harmonizado com um beirute de peru com queijo, um faláfel ou uma ciabatta light.[6]

Tudo é muito bem pensado para que seja assim. Portanto, trata-se de algo muito além do cinema ou da exibição de sucessos de Hollywood. É uma experiência única. Em um momento em que muitas TVs em casa não fazem feio diante de telas de cinema, a rede teve de buscar algo que fizesse com que o cliente enxergasse valor no que ela entrega. Por isso, oferecem aos seus consumidores a possibilidade de estar com quem se gosta, num ambiente único e com direito a pipoca, refrigerante ou o que mais eles quiserem. O cinema parece até ficar em segundo plano. E isso se reflete efetivamente nos resultados da empresa.

Por isso, se alguém me diz: "Ah, o meu sonho é ter uma sala para poder exibir os melhores filmes", eu digo: "Está bem, você pode ter a sala e exibir os melhores filmes, mas isso pode não ser necessariamente a sua fonte de renda. Você precisa entender o que o seu consumidor vê como valor". O caso da bonbonnière nos cinemas mostra que quem deseja ter uma sala de exibição precisa saber o que o cliente está disposto a pagar.

Assim, o empreendedor poderá seguir no que gosta – cinema, por exemplo –, mas pagar as contas com coisas que o seu cliente quer. No caso da Cinemark, a locação de salas para eventos corporativos e

---

6 Todas as informações foram retiradas do site da Cinemark. Disponível em: <https://www.cinemark.com.br/snack-bar/cardapio-prime>. Acesso em: 1 ago. 2018.

exibições que vão além dos filmes, como ocorre com exibição de óperas e jogos de futebol, basquete e futebol americano, também estão entre as iniciativas para ampliar o faturamento da rede.

Portanto, não há problema nenhum em você "viajar" no seu propósito. Não importa. Claro, desde que você consiga fazer o negócio fechar as contas. Você pode realizar seu sonho. Não tem nada de errado nisso. No caso da Cinemark, como pudemos observar, não se trata de ter a melhor tela ou o som mais potente, mas a melhor experiência para as pessoas. Algo muito maior. Ir além. E essa experiência foi muito bem construída, pensada e estudada. O consumidor vai chegar lá e saber que naquele local tem o cinema, mas acompanhado da pipoca, do refrigerante, do chocolate, enfim, da experiência para o consumidor que vai consagrar a empresa.

Exercício de desapego

Vimos que os nossos personagens têm tido problemas em seus negócios. Mariana sempre sonhou em ter o próprio salão, enquanto Rui viu

Viabilizar o sonho é uma coisa, já monetizar a partir dele é outra completamente diferente.

na lanchonete uma oportunidade para empreender, e Jairo abriu uma loja por necessidade, visto que não encontrou uma alternativa para buscar uma renda e uma ocupação. Embora os três tenham partido para o empreendedorismo por razões e caminhos distintos, todos estão juntos neste momento, sofrendo as dores do gestor. Diante disso, nasce uma questão: quando e como avaliar que talvez seja melhor se desapegar do seu negócio?

Pegando o gancho do que falamos um pouco antes, a resposta chega a ser simples: você deve se desapegar do seu negócio se concluir que o seu sonho passou a ser um pesadelo. Ou seja, quando aquilo que você tanto desejou passa a tirar seu sono. Isso pode ocorrer uma vez que a conta não fecha, o negócio não paga as suas despesas, os credores passam a bater na sua porta etc. Leve em consideração ainda se, em efeito cascata, tudo isso começar a impactar outros aspectos do seu negócio e, talvez, até a sua vida pessoal, saúde, família, amigos etc.

Por isso é preciso redobrar o senso crítico diante de situações assim. Quando alguém abre um negócio porque tem anseios que imagina que serão atendidos pelo empreendimento, deve ficar muito atento para verificar se não ocorre justamente o oposto. Deve-se ficar bastante alerta. Ou seja, se além de não ter o que desejava você passar a conviver com problemas trazidos justamente pelo negócio, é hora de sentar, respirar fundo e repensar. E, nesse caso, não tenha medo de tomar uma decisão importante para você, para o seu futuro e para aqueles que estão ao seu redor.

Capítulo 11

O raio X do seu cliente

Fica claro, observando tudo o que tratamos até aqui, que existe uma considerável diferença entre ter uma ideia e ter efetivamente um negócio. E que o plano de negócios é que vai avaliar se um sonho ou propósito tem potencial de se materializar, não dando prejuízo. E isso merece a atenção do gestor o tempo todo. Mariana, a dona do salão em Maceió, por exemplo, tinha em sua garagem um empreendimento que, se não era perfeito, ao menos não lhe dava toda a dor de cabeça que ela vem enfrentando desde que ampliou o estabelecimento e o colocou numa área considerada mais valorizada da cidade. O que nossa empreendedora talvez não tenha levado em conta é que há diferenças, muitas vezes consideráveis, entre o público de uma região e de outra. Isso vale para áreas distintas dentro de uma cidade, como é o caso de Mariana, assim como dentro de um estado ou país.

Por isso, é vital para quem é empreendedor ou deseja se tornar um a tarefa de conhecer as demandas da área onde seu negócio está ou estará inserido. No entanto, como adquirir ou desenvolver tal conhecimento? Bom, costumo brincar dizendo que é mais ou menos como aquelas chamadas do programa *Globo Repórter*, da Rede Globo. Basta pensar nas perguntas: Quem são seus clientes? Onde vivem? Por onde circulam? O que fazem? Como se sustentam? O que eles preferem comer? É necessário entender o consumidor, buscar informação.

Antigamente as pessoas criavam um produto ou serviço e iam para a rua vendê-lo. Hoje, não mais. Atualmente é fundamental buscar o que seu consumidor quer comprar e, com base nessas informações, elaborar um produto que ele de fato leve para casa. Deixo agora um exemplo real nessa linha.

Todo o conteúdo deste livro foi criado a partir de uma série de pesquisas sobre o perfil dos meus clientes, feitas segundo uma base de dados. Primeiro, levantamos entre todos eles quais eram empresários. Em seguida, o trabalho foi perguntar a esse grupo:

- Quais são os maiores desafios enfrentados por você atualmente, seja do ponto de vista pessoal, seja do profissional?
- Para você, qual é o maior obstáculo dentro do seu negócio?
- Se você tivesse um café de meia hora comigo, quais seriam as duas ou três perguntas que você gostaria de fazer?

Com base nessas informações, decidimos fazer este livro. Esse é um exemplo claro de dados de pesquisa. Tenho a convicção de que muitos clientes, quando lerem o livro, verão formatadas as respostas para os seus questionamentos. E, claro, além deste trabalho, existem diversas ferramentas que podem ampliar seu autoconhecimento e autodesenvolvimento, como os já citados processos de *coaching*. Trata-se de um trabalho detalhado, amplo, profundo e com resultados comprovados para auxiliar pessoas e empresas a atingirem suas metas. Quem deseja se sobressair diante de seus concorrentes deve considerar esse investimento.

E vale, aqui, reforçar ainda o que tratamos no capítulo 2. É vital que você conheça bem seu cliente, saiba o que ele valoriza no seu produto ou serviço, descubra quanto ele está disposto a pagar, levante o máximo de informações sobre o perfil dessa pessoa. Quanto mais dados tiver, mais fácil será atender suas expectativas. Ou seja, mais próximo você estará do seu objetivo, que é se destacar da concorrência e, assim, demarcar seu espaço no mercado. Seu sucesso será uma consequência disso.

Para saber mais sobre tais expectativas e desejos dos clientes, como falamos nos capítulos 4 e 5, você deve obter dados com eles. Perguntar a quem compra de você ou utiliza seu serviço, para entender o que o fez escolher você, mas também questionar quem entrou em contato com seu negócio, seja físico ou virtual, mas não comprou, seus potenciais consumidores. Tais informações são muito importantes para que você monte o quebra-cabeça intitulado "Quem é o meu cliente?". Dominar esse conhecimento certamente fará toda a diferença para o seu negócio. Disso eu tenho certeza.

Mas, se ainda tiver dúvidas de como chegar a mais informações sobre o seu consumidor, consulte sempre as perguntas que estão no capítulo 10. Exercite isso. Levante quem é seu público-alvo, persiga o atendimento das necessidades dele, conheça suas dores para poder

Atualmente é fundamental buscar o que seu consumidor quer comprar e, a partir dessas informações, elaborar um produto que ele de fato leve para casa.

oferecer as melhores soluções. Proporcione a seu consumidor aquilo que fará com que ele volte ao seu negócio e recomende aos amigos e conhecidos. Aposte nesse efeito multiplicador.

Quem estará ao seu lado

Na trilha rumo ao lucro certo, saiba que você nunca estará sozinho. Trata-se de uma jornada a ser feita com a ajuda de muitas pessoas. Pode ser um colaborador, vital para o seu negócio, sobretudo na sua ausência. Ou um parceiro importante, como um fornecedor que chega para somar esforços e ampliar os pontos fortes do seu projeto. Diante disso, você deve saber como adquirir ou desenvolver a inteligência que não tem. Vamos supor que, por exemplo, você não seja muito hábil com números. Naturalmente, terá de contratar quem saiba fazer isso. No entanto, como buscar bons parceiros?

O exercício, nesse caso, é encontrar pessoas que tenham as afinidades e a capacidade de fazer exatamente aquilo que você deseja no seu empreendimento. Esses bons parceiros são tanto colaboradores internos quanto fornecedores. Em capítulos anteriores, falamos disso. Você terá sucesso se entender o perfil da pessoa e conseguir verificar que potencial, aptidão e competência ela tem. Como dissemos, uma avaliação de perfil comportamental revela se alguém tem potencial para determinada área. Contudo, lembre-se de que só ter potencial não basta. É preciso ter competência. E isso vem do aspecto técnico. Já o potencial vem do aspecto comportamental. É importante separar esses pontos com clareza.

Alguém pode, por exemplo, ter as características que lhe deem o potencial para ser um excelente escritor. No entanto, se essa pessoa não dominar a língua portuguesa, ela não terá a competência para isso.

Desse modo, há o potencial, que alguns preferem chamar de talento, mas isso não significa que esteja atrelado à competência, que é algo que pode até ser desenvolvido. Por isso, o empreendedor tem de analisar essas duas frentes.

Obviamente, é mais fácil desenvolver a competência em alguém que já tenha o potencial (talento) do que em alguém que não tenha. É nesse ponto da equação que entra um terceiro fator: o tempo. E quem vai desenvolver essa competência mais rápido: quem tem ou quem não tem potencial? Claro que vai ser quem tem. Quem sofre menos para desenvolver determinada competência é quem já tem potencial. Quem não possui o talento vai penar mais. E isso eu resumo em tempo. Diante dessa questão, preciso considerar o seguinte: eu e o meu negócio temos tempo para esperar a pessoa desenvolver isso? Se não temos, não devo levar em consideração que a gerente do meu negócio é minha prima – como no caso do salão da personagem Mariana, em Maceió. E que, por ela ser um parente, vou relevar. Não! Será preciso trazer alguém que entenda do assunto. Aprenda que o negócio não espera.

Família acompanhada de análise

Ainda sobre esse ponto é preciso que o empreendedor desenvolva outro tipo de desapego. Falamos de deixar de lado ideias que não tenham potencial de virar negócio. Ou de negócios já estabelecidos, mas que não dão resultado e só consomem o seu investimento. Outro ponto ao qual o gestor jamais pode se apegar são premissas que não funcionam na prática. Por exemplo, aquelas relacionadas a aspectos familiares. Se coloco minha filha no meu negócio, o amor que eu tenho por ela pode fazer com que a empresa seja prejudicada se ela não trabalhar bem.

Conheço a história de um industrial, líder nacional em seu setor, que tinha a esperança de que seu único filho se tornasse o seu sucessor e administrasse os empreendimentos da família. Parecia querer aquilo a todo custo. Trata-se de algo relativamente comum. No entanto, obviamente, ao agir assim você pode estar cometendo um grande erro, caso o seu "eleito" não tenha potencial, competência ou ambos. Nesse momento, é preciso ter visão estratégica e fazer uma análise crítica.

Isso significa verificar se a pessoa que você tem em mente para conduzir seu negócio no presente ou no futuro é realmente a melhor escolha, independentemente de ela ser seu filho ou algo do tipo. Em primeiro lugar, é preciso saber se o seu "escolhido" quer desempenhar esse papel. No caso do industrial que citei acima, o filho não só não tinha vocação alguma para administrar o império do pai como também não desejava nem nunca quis isso para si. Seu sonho profissional era completamente diferente. O rapaz sempre gostou da área de produção audiovisual e tinha talento para isso. Ao adotar a análise crítica e a visão estratégica que mencionei, o industrial verificaria que seu único filho, por mais amado que fosse, não tinha em nada o perfil da pessoa que ele precisava para tocar o seu negócio. Ficaria claro para ele que o filho

Proporcione a seu consumidor aquilo que fará com que ele volte ao seu negócio e recomende aos amigos e conhecidos. Aposte nesse efeito multiplicador.

não possuía as competências e o potencial necessários para exercer a função. Aqui, portanto, você deve ser objetivo e pragmático. Desapegar da paixão que tem pelo filho, como no exemplo, e pensar no melhor para seu negócio. No fim, isso será o melhor para todos, uma vez que o filho que não tem vocação nem desejo de administrar os empreendimentos do pai provavelmente não se sentirá à vontade na função e tende a sucumbir à pressão e não desempenhar um bom trabalho.

Até esta parte do livro, muitos pontos importantes já foram abordados. Contudo, para o empreendedor alcançar suas metas, precisará de boas doses de foco, disciplina e poder de execução. Terá de dominar técnicas para não perder o rumo até o seu objetivo final. Enfim, terá de desenvolver uma verdadeira fortaleza mental. E você deve estar se perguntando qual é o melhor caminho para isso. Pois saiba que se trata de uma agenda diária. E é dela que passaremos a falar nos próximos capítulos. Pode parecer que nossa viagem está se encaminhando para a reta final. O que não significa que os próximos trechos dessa estrada não tenham pontos tão importantes ou interessantes quanto os visitados até este momento. Já abasteceu? Verificou tudo do que precisamos para seguir? Então, vamos adiante! O alcance do seu objetivo maior é o nosso destino final.

Capítulo 12

O jogo das metas

Vamos falar sobre metas. Todo mundo tem uma, correto? Jairo quer que a sua loja decole e, assim, ter segurança financeira para se afastar do fantasma do desemprego. Rui deseja repetir o êxito que teve como engenheiro na administração de sua lanchonete. Já Mariana almeja se tornar a empreendedora que sempre sonhou, com um salão repleto de clientes. Aqui, porém, quero falar de metas que são efetivamente tiradas do papel, que são realizadas. Assim como os nossos três personagens empreendedores, tenho certeza de que você já deve ter estabelecido objetivos que não foram alcançados. Ou outros que foram esquecidos. Alguns podem simplesmente ter sido abandonados. Você já deve ter entrado em contato com diversas teorias sobre metas e com vários pontos sobre como alcançar propósitos. Porém, certamente existem coisas que não lhe falaram até hoje e que vou lhe dizer agora. Você já desistiu de alguma meta? Pare e tente se lembrar de algo, seja de ordem pessoal ou profissional, que você queria muito, mas acabou deixando de lado. Isso já aconteceu com você?

Pois posso lhe dizer que se ocorreu algo assim, na verdade, você não abandonou a sua meta, pois ela é o que você queria. E tenho certeza de que continua querendo. Você não desistiu. Na realidade, você se absteve foi do caminho. Infelizmente, grande parte das pessoas abandona o trajeto que precisa ser percorrido para sair do ponto em que estão e chegar aonde gostariam. Elas não abrem mão do que querem alcançar, mas desistem do que precisam fazer para conquistar aquilo que ambicionam. Para um empreendedor, no entanto, isso é especialmente nocivo. Trata-se, com certeza, da receita para o fracasso.

Com base nessa experiência e no meu conhecimento sobre essas questões, elaborei o **Jogo das Metas** e o **Plano Semanal**. Juntos, eles ajudarão, e muito, tanto a sua vida de empreendedor como o dia a dia do seu negócio. A primeira ferramenta é composta de sete etapas que apresento a você neste capítulo e no próximo. Essa divisão tem o objetivo de facilitar a assimilação de cada estágio. Mas, para que sua estratégia fique realmente completa, dividirei com você um pouco mais adiante uma metodologia prática para concretizar suas metas. Trata-se do Plano Semanal. Garanto que, se você os executar com maestria e disciplina, certamente conseguirá concluir o trajeto que precisa ser cumprido para sair do patamar em que está e chegar aonde deseja. Seja iniciar seu negócio ou estabelecê-lo, se destacando da multidão. Ou seja, você vai trilhar até o final a jornada necessária entre o hoje e o amanhã, sendo que o amanhã, claro, é a sua meta e o seu objetivo.

Por isso, prepare-se: a partir de agora vou detalhar o que estou dizendo. E explicar como, em algum momento, você acabou se perdendo. Preparado? Então, mãos à obra.

Primeiro passo: como fazer uma lista

É extremamente importante que, neste momento, quando começar a estabelecer aquilo que quer alcançar, você, como empreendedor, faça uma lista. Mas atenção: não é uma lista qualquer. Estabeleça suas prioridades e as de seu negócio. Parece óbvio, mas prioridade é o que você considera muito relevante. É o essencial, seja na área pessoal, seja na profissional. Para que você tenha sucesso e consiga isso no devido tempo, com a lista pronta em mãos, passe a elencar cada item, dos mais importantes a serem concretizados até aqueles que, neste momento, podem ficar em segundo plano. Dentro das suas prioridades, crie uma hierarquia. Lá no início, quando Jairo dizia para si mesmo que não sabia nem por onde começar em sua loja, minha sugestão a ele seria esta: comece com uma lista de prioridades.

Escolha cada tópico e vá atribuindo uma nota, de 1 a 10, sendo 1 o menor nível de importância para você neste momento, e 10, o maior. Assim você terá uma excelente visão do que, de fato, são as suas prioridades. Aqui devo lhe fazer um alerta: de nada adianta fazer tudo de uma vez, correndo. Na maioria das vezes cada meta precisa de sua devida atenção e, sobretudo, do seu comprometimento. Como disse, as pessoas não abandonam o que querem. Elas param diante dos desafios, das dificuldades que enfrentam. Com base nisso, quando você dá o devido foco no caminho que precisa seguir, fica muito mais fácil conseguir driblar os obstáculos que possivelmente devem aparecer à

Infelizmente, grande parte das pessoas abandona o trajeto que precisa ser percorrido para sair do ponto em que estão e chegar aonde gostariam.

frente. Nos capítulos anteriores, acompanhamos Jairo, Rui e Mariana vivendo dramas decorrentes, muitas vezes, dessa falta de foco.

Voltando ao Jogo, nesse ponto é essencial que você consiga responder a algumas questões. E tenho exemplos de perguntas que, por mais que possam parecer óbvias, o ajudarão. Pense e procure chegar à resposta de maneira bem clara e objetiva. Vamos lá:

O que efetivamente você deseja realizar?

Costumamos dizer que em toda meta existe uma agenda oculta. Deixe-me explicar. A meta nunca é exatamente o que você diz que quer. Por exemplo, se você disser que deseja emagrecer 10 quilos, na verdade, não são os 10 quilos a menos que você quer. O que você deseja efetivamente é aquilo que os quilos a menos vão lhe proporcionar. Ou seja, é aquilo que, de fato, você espera conseguir. A pessoa que deseja emagrecer talvez queira caber naquela roupa que lhe caía tão bem, mas que não fica tão boa com seu peso atual, com os 10 quilos a mais.

Da mesma forma, quem diz que deseja comprar um carro zero quilômetro, na verdade, não quer o veículo. Ele quer o que o carro vai lhe proporcionar. Esse é o desejo. Conforto? Status? Segurança? Enfim. Já uma pessoa que diz que deseja juntar 100 ou 200 mil reais não quer o dinheiro. Ela quer a segurança ou a estabilidade financeira que aquele dinheiro vai lhe possibilitar. Para ela, a quantia significa uma garantia de saber que tem uma reserva com a qual poderá contar diante de eventuais obstáculos ou desafios. Assim, por essa linha de raciocínio, Mariana não quer se tornar empreendedora. Ela almeja o reconhecimento profissional ou mesmo a segurança financeira que o sucesso de seu empreendimento poderá lhe trazer. Então, de volta à primeira pergunta, investigue e procure saber o que você deseja realizar efetivamente. Não é a meta. Não é o rótulo. É o que está por trás dela. Vamos para a segunda pergunta:

Com que intensidade você deseja realizar isso?

E, como no exemplo da lista de prioridades, é importante que você elenque, de 1 a 10, com que intensidade você deseja realizar a meta. De novo, 1 para aquilo com o menor índice de desejo, e 10, a nota mais alta, para aquilo que você mais deseja.

Você já tem bem claro o que quer alcançar e quanto deseja alcançar. No entanto, há mais questões importantes a serem respondidas para que seu percurso esteja adequadamente traçado. Por isso, responda:

Em quanto tempo você deseja chegar lá?

Aqui, não empregue datas para a realização de suas metas, como quinze dias, trinta dias, sessenta dias, noventa dias. Digo isso pensando no melhor para o seu negócio. Estabeleça dia, mês e ano. Por exemplo, se você está em janeiro, defina: quero concretizar minha meta até o dia 25 de fevereiro. Ou 30 de março. Ou 15 de abril. Tem de ser bem específico. Não adianta pensar em próximo bimestre, terceiro trimestre, segundo semestre, próximo ano. Esqueça! Repito: precisa ser com dia, mês e ano. Quando essa data está clara, você acaba gerando para o seu sistema e para o seu cérebro um senso de urgência maior no sentido de alcançar seu objetivo. Agora vejamos outro ponto:

Sua meta é realizável?

Para chegar à resposta, você precisa ter um conjunto de evidências que lhe permita perceber que seu propósito é alcançável. Do contrário, você vai dar informações ao seu cérebro de algo praticamente impossível de ser alcançado. Por exemplo: imagine um pequeno empresário que para ampliar seu negócio queira juntar 100 mil reais em um ano, ou seja, em doze meses, mas lucra apenas 5 mil reais por mês. Matematicamente, isso é impossível de conseguir. Se, porém, ele lucra 5 mil reais, o que lhe dá uma receita anual de 60 mil reais, e estabelece uma meta de juntar 40 mil ou 50 mil reais, está dando para o sistema uma informação de algo que é viável. Embora a economia seja intensa, provavelmente até algo fora do que esse empreendedor esteja habituado a fazer, dá para dizer que a meta é realizável, uma vez que é matematicamente possível.

Caso alguém determine que quer emagrecer 10 quilos em dois dias, essa pode ser considerada uma meta extremamente desafiadora e, quem sabe, impossível de ser alcançada. Mas isso quer dizer que a meta não é realizável? Para ter uma resposta, a pessoa precisará pensar no que de factível terá de fazer para atingir esse propósito. É sempre importante que, ao pensar numa meta realizável, você coloque algo que o desafie, que eleve a sua barra. Você deve buscar fazer mais do que habitualmente está acostumado. Não pode ficar numa zona de conforto. Sobretudo quando falamos do universo do empreendedorismo. Se não existir desafio, não há alcance do objetivo. Você precisa saber dosar: é necessário deixar a zona de conforto, mas, ao mesmo tempo, estipular algo que seja realizável. O que nos leva ao próximo ponto:

? O que você precisa fazer para concretizar sua meta?

Entre 0% e 100%

Toda vez que estabelecer um objetivo, seja para você ou para o seu negócio, é importante que pense em duas coisas: de 0% a 100%, quanto isso depende de você? E se concluir que a realização dessa meta está, por exemplo, uns 80% nas suas mãos, deve ir adiante. Quais critérios você utilizou para dizer que essa meta depende 80% de você? E de quem virá os outros 20% para que o propósito seja alcançado? Como exemplo para ilustrar tudo isso, vamos supor que um dos funcionários da lanchonete de Rui estabeleça como objetivo ser promovido a gerente. E determine que para isso ocorrer depende 50% dele e 50% do chefe, ou seja, de Rui. Com isso em mente, é vital que esse colaborador traduza cada um desses 50% em alguns tópicos. Quais são eles? Que evidências são essas? Por exemplo, dá para dizer que a promoção depende 50% do funcionário porque ele:

- Tem a qualificação para ser gerente;
- Foi muito bem classificado na avaliação de performance aplicada por Rui à equipe da lanchonete;
- É uma pessoa que constantemente recebe *feedbacks* positivos de Rui.

Com isso, o funcionário acabou de responder o que é preciso fazer para concretizar sua meta. E quanto aos outros 50%? Para que o objetivo do funcionário se realize, Rui precisará ver que esse colaborador:

- Tem as competências para a promoção a gerente;
- Foi muito bem avaliado no último trimestre;
- Bateu todas as metas estipuladas por Rui aos colaboradores.

Assim, é hora de o funcionário partir para um plano de ação: como ele pode tornar isso claro para Rui? Por isso, sempre que falarmos de meta, lembre-se de responder a esta pergunta: "O que é preciso fazer para concretizá-la?". E, nesse ponto, você emprega a técnica que usei no exemplo acima, de 0% a 100%, para saber quanto depende de você e quanto está ligada a terceiros, caso esteja.

É importante dizer que mesmo que esse seu percentual de responsabilidade seja de apenas 1% para alcançar uma meta, ou seja, que 99% esteja na mão de outras pessoas, não significa que você não possa alcançar seu propósito. Por um lado, já vi pessoas com metas que dependiam minimamente delas para serem realizadas, mas, no entanto, estavam dispostas a agir com energia total em cima do que tinham em mãos. E, com isso, foram capazes de alcançar seu intuito. Por outro lado, conheci pessoas cujos objetivos dependiam 90% delas para serem realizados e, mesmo assim, não os atingiram. Porque, mesmo tendo ao seu alcance a maior parte do que precisavam, elas não tiveram disciplina, organização e capacidade de execução para colocar em prática nem 1% que fosse daqueles 90% de que necessitavam. Resultado: não atingiram a meta.

Por isso é importante você pensar sobre essas perguntas que acabamos de fazer.

- O que efetivamente você deseja realizar?
- Com que intensidade você deseja realizar isso?
- Em quanto tempo você deseja chegar lá?
- Sua meta é realizável?
- O que você precisa fazer para concretizar sua meta?

Podem parecer questões óbvias, mas muitas pessoas, inclusive empreendedores em seus negócios, acabam se esquecendo de respondê-las ou as fazem sem dar a devida atenção. Observe que estamos no primeiro ponto e ele é extremamente importante. Compreender que tipo de meta quer alcançar é essencial para que você entenda o que é necessário fazer para realizá-la. Se ela for voltada ao lado pessoal, será mais fácil você entender o que é necessário desenvolver. Sem errar o trajeto. Lembre-se de que estamos preocupados com o percurso, e não com a chegada. A chegada é nada mais nada menos do que resultado de um excelente percurso. E não chegar é consequência de um caminho mal traçado, mal executado ou quem sabe nem realizado.

Metas pessoais e profissionais precisam ser separadas para se entender o grau de importância de cada uma e, principalmente, em que fase da sua vida você está – focando mais o pessoal ou o profissional. O grande segredo é compreender quanto a sua meta é importante e quanto você está determinado efetivamente a alcançá-la. Sempre gosto de utilizar notas: de 1 a 10, qual é o meu grau de comprometimento? Se, por exemplo, você está na fase de conquistar uma meta profissional, é hora de imaginar o que você possivelmente deixará em segundo plano na sua vida pessoal.

O dilema vivido por Jairo, que não sabe como equilibrar a loja e o tempo dedicado à família, é um efeito colateral de não ter isso muito claro. Se o momento exige mais dedicação ao crescimento do negócio, ele, consequentemente, terá de avaliar do que precisará abrir mão, ao menos por hora, no convívio familiar.

Tenha um plano de ação

Quantas vezes você se desviou do caminho? Ou, quem sabe, parou por completo, quando algo o tirou do foco? Com certeza, todos nós já passamos por isso em algum momento da vida quando não temos uma estratégia muito bem desenhada. É por isso que, sempre que estabeleço minhas metas, faço isso com passos claros e objetivos, exatamente como fizemos aqui. Com as perguntas que propus. Para que você tenha o seu propósito muito claro. Como vimos até agora, Rui, Jairo e Mariana têm falhado nesse quesito. E, quando falta essa clareza, muitos outros problemas podem ocorrer. É extremamente complicado e prejudicial desviar o trajeto que desenhou quando você está 100% comprometido em concretizar algo. Uma forma eficaz para você se manter centrado é fazer um plano de ação e segui-lo à risca. É o que eu recomendaria aos nossos três personagens.

No mundo real, vejo com muita frequência empreendedores que possuem diversos talentos, capacidades, competências, habilidades e metas totalmente possíveis de serem alcançadas se perderem na jornada de execução. Trata-se do que chamo de falta de disciplina. Preste atenção: permanecer centrado e fazer um plano de ação é importantíssimo para o seu negócio. Assim como para a sua vida. Contudo, é essencial seguir esse plano. Na verdade, com ele, você saberá exatamente "o que", "como" e "quando" precisa fazer determinada atividade para concretizar o que deseja. O plano de ação consiste em definir uma ideia clara de "como" vai chegar ao seu objetivo. Montar um plano de ação abrange decidir quais estratégias você usará. Ele tem a ver efetivamente com "como" você vai fazer. "Como" pretende alcançar o resultado que você espera. Saber "o que" não é tudo. Importante é saber "como".

Um plano de ação pode ser dividido por semanas, por exemplo, no qual cada uma corresponde à concretização daquilo que chamaremos de submeta que leva ao alcance de uma meta maior. Ou seja, um alvo menor que corresponde ou é correlato àquele objetivo maior.

Se você traçar essas pequenas metas e tiver um plano de ação para ir, passo a passo, com comprometimento, foco e concretização, certamente a soma de todos esses pontos vai contribuir para o alcance daquela meta principal. E aí o seu objetivo passa a ser consequência dessas semanas muito bem trabalhadas, focadas e direcionadas ao alcance do seu propósito.

Jogo das metas

Meus objetivos

1. Dobrar o fluxo de clientes________________
2. ________________________________
3. ________________________________

Quando e como (plano de ação):

1. Investir na divulgação dos serviços oferecidos com distribuição de folders________________
2. Dar descontos para clientes que apresentassem o folder no salão. ________________
3. Buscar parcerias que tragam novas clientes________
4. Campanha "leve seus amigos" ao salão para fidelizar antigos clientes ________________
5. Criar um programa de fidelidade ____________

Por exemplo, imagine que Mariana estabeleça como objetivo dobrar o fluxo de clientes que tem em seu salão atualmente. Isso é "o que" ela quer. Com um plano de ação semanal, ela precisará criar uma estratégia para definir "quando" e "como" agirá para conseguir isso. Uma primeira submeta semanal, nesse caso, poderia ser investir na divulgação dos serviços oferecidos pelo salão, com a distribuição de folders em pontos estratégicos da cidade. Em paralelo, ela poderia associar com uma segunda ação: dar descontos para clientes que apresentassem o folder no salão.

Ainda em relação a esse propósito de nossa personagem, outra submeta semanal possível seria Mariana buscar parcerias que lhe trouxessem novas clientes. Em contato com centros acadêmicos de universidades da cidade, por exemplo, a empreendedora poderia oferecer às estudantes descontos em alguns dos serviços oferecidos no salão. Nessa mesma linha, uma quarta submeta semanal poderia ser a realização de uma campanha em que as atuais clientes tivessem algum benefício caso levassem amigas e conhecidas ao estabelecimento. Por fim, outra submeta para aumentar o fluxo no salão poderia consistir na criação de um programa de fidelidade, em que a cliente que usufruir de um serviço tenha direito a outro com desconto, caso volte ao salão na quinzena seguinte.

Cada uma dessas ações, cada submeta, vai requerer todo um trabalho de planejamento de Mariana e precisará ser muito bem traçada, obviamente. Exigirá ainda, como frisei, que a empreendedora tenha comprometimento, foco e poder de concretização. Não preparar adequadamente cada passo, considerando prós e contras, pode significar a ela ou a qualquer um em situação similar o fracasso em relação ao alcance de um objetivo.

Então, lembre-se de responder àquelas perguntas: não só "o que" você quer mas também "quando" e "como" planeja chegar ao seu propósito. E, de preferência, sempre faça isso com papel e caneta à mão. Anote tudo. Materialize. O que está na sua cabeça é de extrema importância para o alcance do seu objetivo. Mas esse foi apenas o nosso primeiro passo dos sete que preparei para você. Vamos em frente. O Jogo das Metas continua e a vitória será sua!

Meus objetivos

1. ______________________________

2. ______________________________

3. ______________________________

Quando e como (plano de ação):

1. ______________________________

2. ______________________________

3. ______________________________

4. ______________________________

5. ______________________________

Capítulo 13

Novos passos rumo ao **sucesso**

No capítulo anterior, falamos sobre metas, sobre como fazer uma lista de atividades e criar um plano de ação. Porém, aquele foi apenas o nosso **primeiro passo**. Agora o convido a prosseguir em nosso Jogo para construir o melhor caminho rumo aos seus objetivos. Para continuar, no entanto, será preciso separar seus propósitos entre pessoais e profissionais, algo muito essencial na vida de qualquer empreendedor. Esse é o **segundo passo**. Quando falamos disso, é importante que você tome cuidado para que suas ações em um contexto pessoal não afetem de modo negativo seus alvos profissionais. E vice-versa. Por não estabelecer essa divisão de maneira nítida, muitos empresários acabam se perdendo. Com tudo misturado, não é possível saber sequer se as metas pessoais estão interferindo no lado profissional ou o contrário. Em meio a tamanha confusão, não dá para alcançar nada, nem na esfera pessoal nem na profissional.

Feita essa divisão, é hora de trabalhar um ponto por vez. Quem tem objetivos nas duas áreas muitas vezes pode não dar foco a nenhuma. E já falamos um pouco sobre disciplina de execução, algo primordial para cada um chegar aonde quer. Compreender qual das áreas quer priorizar é essencial para entender o que será necessário fazer. Para realizar uma meta profissional, certamente você terá de usar estratégias diferentes das que for utilizar para lidar com um propósito pessoal. O que por vezes ocorre é que muita gente traça determinado percurso para um objetivo pessoal, e outro, para um profissional. Quando as pessoas se dão conta disso, no entanto, já colocaram os dois trajetos em rota de colisão. Sem a devida precaução, as duas áreas podem em algum momento se cruzar e uma acabar atrapalhando a outra. É necessário evitar que isso ocorra e, caso aconteça, saber que estratégias adotar para reduzir danos.

Daí a importância de conhecer cada percurso. Ao separar suas metas, você entenderá o valor de cada uma, considerando em que fase da sua vida você está. É fundamental ter isso muito bem definido. Por exemplo, se você estabelecer que quer comprar um carro, ou seja, um propósito pessoal, é provável que tenha de priorizar movimentos no seu lado profissional. Porque sem isso não será possível conseguir o que quer. Ou, pegando um exemplo de nossos personagens, quando Jairo se mostra perdido por não conseguir administrar a sua loja e o tempo com a família, é porque ele precisa, antes de tudo, avaliar qual passo considera mais importante. Feita essa análise, provavelmente ele irá concluir que para usufruir mais momentos ao lado de seus familiares, sua meta pessoal, primeiro ele terá de se dedicar a ajustar coisas em seu comércio, como demitir Jorge, o funcionário que não o ajuda em quase nada.

O segredo aqui é estudar e compreender quanto cada meta é importante e quanto você está determinado a alcançá-la. Se, por exemplo, sua fase atual está mais voltada a conquistar objetivos profissionais, prepare-se para levantar de maneira bem detalhada o que possivelmente deixará em segundo plano na sua vida pessoal. Não há milagre. Existe estratégia para conseguir qualquer coisa, seja do ponto de vista pessoal, seja do profissional.

Terceiro passo: como manter o foco

Agora já temos uma lista. Vamos falar da importância de segui-la sem desvios. Quantas vezes você já se perdeu pelo caminho? Ou parou por completo quando algo acabou lhe tirando o foco? É preciso entender que, quando se estabelecem metas, sobretudo ao se empreender, o mundo não para e fica esperando até que consigamos o almejado. Ele segue girando. Assim como as pessoas vão continuar fazendo o que sempre fizeram. Portanto, é você quem precisa mudar.

Ao estabelecer sua lista de prioridades e seu plano de ação e separar seus alvos pessoais dos profissionais, certamente isso vai gerar efeitos em quem está ao seu redor. Tais consequências podem ser positivas ou negativas. Deve-se ter isso claro, pois, além dos desafios que vai encontrar pelo caminho, algumas das pessoas afetadas, digamos assim, podem adotar comportamentos ou estratégias que tirem seu foco. Mariana, por exemplo, viu o marido "se voltar contra ela" quando decidiu ampliar seu salão, pois o casal divergiu sobre o rumo que o negócio deveria ter naquele momento. Ter um companheiro que consome nossa energia é nocivo para qualquer pessoa. Imagine então para alguém com a difícil tarefa de empreender e que, para isso, precisa ter foco para que as coisas saiam como planejado.

Quando falamos de metas, no entanto, quem está ao nosso redor pode ter papel fundamental para que consigamos, ou não, atingir o que almejamos. Suponha que você decida fazer uma dieta, o que implica desenvolver novos hábitos alimentares. Contudo, quem convive com você, seja seu cônjuge, seus filhos ou outros parentes, não estabeleceu o mesmo propósito. Logo, ao adotar novas regras, isso muitas vezes terá efeitos na rotina de todos. E talvez, na visão deles, esses impactos possam ser negativos, o que pode fazer com que desenvolvam comportamentos que o impeçam de alcançar seus objetivos. Com isso, será mais difícil se manter focado na sua meta. Portanto, tenha ciência de que isso poderá acontecer. E, caso ocorra, tenha em mente qual estratégia vai utilizar. Na tarefa de administrar um negócio, isso precisa estar muito claro.

Ainda no nosso exemplo: você quer emagrecer, adota uma dieta, mas chega em casa e sua família pede uma pizza. Ninguém faz isso com o intuito de prejudicá-lo, mas aquilo vai tirá-lo do foco. Por isso será preciso ter estratégias para lidar com uma situação assim, caso ela aconteça. E posso lhe assegurar: vai acontecer. É algo complicado e prejudicial desviar o trajeto traçado quando você não está 100% comprometido em concretizar um propósito. Por isso é vital saber o que pode e o que vai acontecer para que, com empenho total, seja possível finalizar o caminho até o alcance do seu objetivo. E é nesse percurso que os obstáculos aparecem. É preciso ter cuidado. Ainda mais quando falamos de empreendedorismo, cuja complexidade é, obviamente, muito maior do que a meta de alguém que deseja perder alguns quilinhos com uma dieta.

Portanto, para permanecer centrado, depois de fazer o plano de ação, adote técnicas para que ele aconteça. Você deve saber exatamente "o que", "como" e "quando" precisa fazer determinada atividade para seguir seu plano. Por isso, não pense em planos que funcionem de maneira mental. Utilize os bons e velhos papel e caneta ou faça uso da tecnologia, por meio do seu smartphone, computador, o que seja. Tais ferramentas, se utilizadas adequadamente e com conhecimento, poderão ajudar você a gerir o negócio. O importante é de alguma forma materializar esse plano de ação e colocar ali "as datas" do que precisa acontecer, além de "como", "o que" e "quando" precisa acontecer. Quem sabe caiba até "com quem" precisa acontecer. São pontos vitais do seu plano e é importante que isso seja documentado.

Quando isso não é materializado não gera informações suficientes para o seu cérebro de que algo precisa ser executado e concretizado. Se o plano ficar em um campo mental, ele é apenas uma ideia e não algo claro. Ao materializar, ele passa a ser palpável. Não é mais subjetivo, torna-se concreto e precisa ser cumprido. Montar um plano inclui decidir que estratégias serão usadas para chegar ao resultado que almeja. É a estratégia. É o "como". Não é "o que". O plano pode ser dividido por semanas, submetas correspondentes a um alvo maior, como já dissemos, mas não custa reforçar. Então, para conseguir manter o foco, anote. Materialize. Não deixe apenas no âmbito mental. Não existe foco subjetivo. Tem de ser algo concreto. E para isso é preciso materializar. Todo empreendedor de sucesso sabe da importância disso.

Quarto passo: o valor da persistência

Agora que você já entendeu o valor do foco no seu plano, passemos para a persistência. No universo do empreendedorismo, isso é de grande valor. Persistir quando algo não sair como o planejado. Em geral, isso ocorre por três fatores:

- você não foi perito naquilo que executou;
- você sofreu uma interferência externa por parte de outras pessoas;
- você sofreu interferência externa por parte do meio, de algo fora do controle de qualquer pessoa.

Um exemplo desse último item é o clima. Algo que não se pode controlar. E, em determinadas situações, pode impedir a execução de seu plano de ação. Um clima mais frio, mais quente, chuva... Não importa. Existem fatores que o meio pode impor e que de certa forma talvez o impeçam de chegar aonde quer. Rui, com sua lanchonete, viu algo assim lhe dar uma importante lição. Aos sábados, ele achou que seria uma boa ideia contratar músicos para animar as tardes dos clientes junto à tradicional feijoada. Porém, em mais de uma ocasião, por decorrência de fortes chuvas, a clientela simplesmente preferiu não sair de casa. Ou seja, com seu comércio praticamente vazio, o empreendedor não viu entrar dinheiro no caixa. Pelo contrário, ainda teve de desembolsar o cachê dos artistas.

Em situações assim, seja por imperícia sua, por reações adversas dos outros ou por interferência do meio, é fundamental que você persista no seu planejamento. Para que saia exatamente como projetado. Afinal, mesmo com um plano em mãos é muito comum que imprevistos aconteçam no decorrer da jornada. E são inúmeras as dificuldades que podem surgir de repente para quem administra uma lanchonete, uma loja, um salão de beleza ou qualquer outro empreendimento. Por isso, se algo ocorrer fora do programado, desvie dos obstáculos e siga na sua caminhada. Só faz isso quem tem persistência. Contratempos surgem para fazer com que você continue determinado a atingir a meta proposta. Quanto mais estiver empenhado, melhor será. Daí ser essencial saber o que precisa ser feito.

Há um ditado que afirma: a persistência leva à perfeição. Eu diria que a persistência leva à perfeição e também à realização. Para empresários, então, nada mais verdadeiro. Se algo não sair como arquitetado, remaneje seu plano de ação. Verifique o que não deu certo, aprenda e prossiga. Que alguma coisa vai dar errado, isso é fato. Se vai permanecer errado depende de você permitir ou não. Coisas darem errado é algo natural. O que faz diferença é aprender com os erros para que não se repitam durante o percurso. Jairo, Rui e Mariana têm feito isso ao longo de nossa narrativa. Têm tirado grandes lições das adversidades. Faça isso também. Saiba que para deixar seu estado atual é preciso quebrar crenças limitantes e se manter motivado mesmo que algo fuja do planejado. Para chegar ao estado que deseja, é necessário agir de maneira totalmente diferente da que está acostumado no dia a dia. Para isso, terá de quebrar paradigmas e desenvolver novos hábitos e comportamentos.

Portanto, não se assuste e siga, pois cada passo dado é válido. Trata-se de desenvolvimento, que pode ser traduzido por avanço, que, por sua vez, significa proximidade. Mas com o quê? A cada passo você estará mais próximo do estado que deseja. Do sucesso do seu negócio. Do lucro certo. Lembre-se: é uma caminhada. Algo que se faz passo a passo. Não dá para pular daqui e chegar ao seu estado desejado. No entanto, podemos construir um caminho que, com foco, disciplina, capacidade de execução, priorização, percorrido de maneira muito metódica, vai fazer com que seu objetivo seja alcançado. Não tenho dúvida.

Contratempos surgem para fazer com que você continue determinado a atingir a meta proposta. Quanto mais estiver empenhado, melhor será.

Quinto passo: momento da revisão

Durante todo o processo é importante rever sua lista de prioridades. Imagine que você estabeleceu uma meta na semana passada e ela vai demorar três meses, noventa dias, para ser concretizada. Pense comigo: quando a definiu, na semana passada, você estava em um estado, que eu chamaria de inicial. O que isso quer dizer? Você tinha alguns recursos, algumas capacidades, mas não possuía, necessariamente, alguns aprendizados. Por isso, naquele momento, era um estado. Hoje, uma semana depois, por mais que seja pouco tempo, é outro estado, que eu chamaria de atual. Logo, o que estabeleceu na semana passada pode não ser mais primordial esta semana. Porque muita coisa mudou. No dia a dia de um empreendedor, fazer essa revisão é vital.

Para o gestor não ser surpreendido por alguma das muitas coisas que precisa administrar, é fundamental verificar a sua lista ao longo de todo o processo. É sempre muito produtivo analisar o caminho já percorrido e, sobretudo, conferir se sua lista de metas sofreu alterações. Ou a lista de prioridades. Lembra quando estabeleceu um ranking? Pode ser que nesse momento você resolva trocar as prioridades dos seus objetivos, resolva elevar o alcance de seu alvo. Por exemplo, você determinou que perderia 10 quilos, mas agora viu que podem ser 12. Ou decidiu juntar 200 mil reais, mas percebe que podem ser 250 ou 300 mil reais. Ou ainda que a ampliação do seu negócio ou da sua equipe de colaboradores, programada para o próximo ano, pode ser antecipada e até mais ambiciosa. É importante rever seus alvos, mas sempre para cima. Sempre com olhar de eterno insatisfeito.

É possível até tirar alguma meta provisoriamente da sua lista. Pode haver algo que não se faça mais necessário como antes. Analise e considere realizar correções. A cada passo dado é natural que você amadureça e perceba o que é realmente importante na sua vida, seja no lado pessoal ou no profissional. Ao rever sua lista, será possível ver o que já fez e o que não fez, o que ainda não começou, o que vale a pena continuar nessa semana, nessa lista. Verifica a melhor forma de relacionar tudo isso de novo e reciclar informações. Acredite, ter isso no radar vai ajudar na tomada de decisões em seu negócio.

Esse estudo é muito eficaz e mantém organizadas as suas ideias. A cada aprendizado e a cada dia. No desenvolvimento de cada ação. A cada impacto recebido externamente, seja do meio ou de pessoas que podem atrapalhá-lo. Tudo isso gera aprendizado. Por mais desafiador que seja, tudo isso lhe dá informações e fortalece seu lado emocional para que você tenha capacidade de conquistar o seu objetivo. Cada imprevisto pode gerar um aprendizado que servirá para você construir o caminho para o triunfo do seu negócio. Então reveja semanalmente suas listas. Quem sabe não é hora de se desafiar mais. Ou priorizar outras coisas. Talvez seja a hora de agir de maneira muito mais assertiva.

Sexto passo: marque as fases concluídas

Hora de falar sobre conclusão. Não chegamos ao final ainda, pois este é o sexto de sete passos. Mas tenho certeza de que, se veio acompanhando todo o processo, aqui você já tem realizações em sua gestão. Tem fases concluídas. É importante que as marque. Por menor que sejam. Deve começar a observar quanto já realizou, o que já realizou, quão próximo está do seu objetivo. Se já saiu de um estado inicial, já é um avanço. Pois está mais próximo do estado desejado. Se você já deu um passo, certamente esse é um ponto a ser marcado como concluído. Se realizou uma ação que seja, marque. Se executou, não importa o tamanho e a complexidade da ação, já fez algo. E se fez algo, já não é o mesmo que estabeleceu essa meta.

Ao finalizar cada fase que elencou para chegar ao alvo, marque a etapa como concluída. Essa organização fará com que você esteja sempre a par do que já conseguiu e do que ainda não conquistou. É como se fosse um processo de *autofeedback*. Como se você desse um *feedback* para si sobre o que fez. E se fez bem-feito. Se poderia ter sido melhor. Se pode ser melhor. Isso trará uma motivação para prosseguir no caminho. Trata-se da energia que faz com que o empreendedor renove suas expectativas a cada dia para encarar todos os desafios à frente do seu negócio. E isso é essencial, pois são mensagens positivas que você dá para o seu cérebro e faz com que continue focado. Obstinado por alcançar o seu resultado.

Estar organizado faz com que você fique consciente durante todo o trajeto. Dos erros e acertos obtidos ao longo dos dias. E não importa. Se são acertos, ótimo. E se são erros, ótimo também, porque algum aprendizado eles trouxeram e dá para evitar que ocorram novamente. Essa é a fase em que olhamos para o que já fizemos e percebemos que o melhor tempo investido é aquele que traz resultados surpreendentes. Nem que tais resultados sejam aprendizados de como não fazer novamente. Tire o foco do que não saiu conforme esperado. E considere tudo de positivo que já conquistou.

Embora algumas coisas possam não ter saído como esperava, elas lhe trouxeram lições. O que fez de certo que lhe permitiu concluir a fase? Qual foi o erro que comprometeu a conclusão do seu plano? É importante que repita cada vez mais o que deu certo até aqui. Aprenda e faça diferente o que deu errado. O erro mais grave em todo esse processo não é errar uma vez. É não aprender com o erro que cometeu. Em sua lanchonete, por exemplo, Rui aprendeu a considerar a previsão da meteorologia para decidir se traz músicos ou não para tocar aos sábados. Tal aprendizado ajudou a ganhar mais em dias ensolarados e reduzir prejuízos quando chove forte.

Sétimo passo: hora de cair na rotina

Para fechar, vamos falar de rotina. Talvez você se pergunte: "Espere aí, estabeleci metas, quero estabelecer outras, como é que agora o tema é rotina?". Pois é. Torne rotina colocar em primeiro plano a realização de seus sonhos. Muitas pessoas têm como rotina a procrastinação. Há aqueles que adotam como rotina não fazer nada para se aproximar do estado desejado. Pelo contrário, muitos seguem a rotina de trabalhar para se afastarem de seus objetivos. Isso simplesmente não é permitido para quem deseja empreender. Ao menos para aqueles que não desejam flertar com o fracasso.

Portanto, por que não transformar em rotina aquilo que são as suas prioridades? Por que não ter como rotina o que o aproxima do seu

A cada passo dado é natural que você amadureça e perceba o que é realmente importante na sua vida, seja no lado pessoal ou no profissional.

estado desejado? Observe e reflita: muitas vezes as pessoas deixam de lado seus sonhos por receio do caminho. Ou das coisas que terão de deixar de lado. Ou das coisas que terão de priorizar. Muitos acabam colocando seus sonhos de lado por privilegiar outras pessoas. Ou outras questões que não as aproximam de seu estado desejado. Quanto vale a pena deixar de realizar o seu sonho por medo dos obstáculos? É o que digo desde o início: as pessoas desistem do caminho. Você será mais ou menos feliz com essa decisão? Já parou para pensar sobre isso? Lembre-se: não se chega a objetivo nenhum sem percorrer um caminho. Não se consegue resultado nenhum parado. É preciso agir.

Por fim, nunca se esqueça dos seus valores e princípios e de quanto eles afetam a realização dos seus sonhos. O empreendedor jamais deve se afastar de seus valores na busca pelo sucesso no negócio, até porque, provavelmente, não chegará a lugar nenhum se fizer essa escolha. Diante disso, reflita: vale a pena viver contra seus valores por estar acomodado com o que tem hoje? Se você deixasse de existir hoje, neste exato momento, teria contribuído com o quê? Teria realizado o quê? Se orgulharia de quê? Essas perguntas devem fazer você se mover. Movimente-se para conseguir o que quer. Que sentimento teria se realizasse seus sonhos? As suas metas? Seus propósitos? Tenho certeza de que, se você acompanhar esses sete passos, com foco, disciplina e execução, certamente alcançará seus objetivos. Ufa, nossa viagem ainda não está finalizada, mas já acumulamos quilômetros de importantes aprendizados até aqui. Respire fundo, pois tem muito mais por vir.

Capítulo 14

O plano semanal

Agora que falamos dos sete passos que integram o Jogo das Metas, para prosseguir na nossa jornada em direção ao sucesso, vamos voltar a falar das suas prioridades. Dessa vez, porém, veremos como tratá-las dentro da sua semana. Vamos começar falando de como estruturá-la. Passo a apresentar a você o Plano Semanal. Para isso, considere sempre que sua semana começa na segunda-feira e termina no domingo. De olho nesses sete dias é essencial que você coloque em sua lista quais serão as prioridades. Podemos falar em escolher três delas, mas nada impede que sejam duas. Ou que você queira escolher cinco. No entanto, sempre oriento a não passar de seis tópicos prioritários. Ainda mais quando falamos de administrar um empreendimento. Caso contrário serão muitas tarefas e você vai acabar não fazendo o que tem de fazer. Então vamos pensar em um mínimo de duas e, no máximo, seis delas. É o que pode ser colocado para uma semana. Convenhamos, seis pontos para sete dias estão de bom tamanho para qualquer gestor.

E qual é a relevância de ter uma lista de prioridades? Parece óbvio que com ela em mãos você terá mais facilidade e estímulo para reservar um tempo e tratar do que é importante para resolver. Agora, se não a tiver materializada, certamente você usará seu tempo para atender às prioridades de outras pessoas ao longo da semana. Como observamos que Jairo, Rui e Mariana têm feito de forma equivocada. Qual é o problema disso? Atualmente, em meio a tantas atividades e uma quantidade crescente de informações que recebemos, se não tivermos o que é prioritário para nós de maneira muito clara, anotado e com data para que seja concretizado, provavelmente vamos atender aos interesses dos outros. E isso não é novidade para ninguém. E, quando menciono data, eu me refiro a dia e hora, dentro de cada semana. Tem de ser o mais preciso possível. Para empreender, essa precisão é fundamental. Nada de ser vago.

Por isso, não importa o objetivo que você queira alcançar, é necessário ter muito claro as chamadas prioridades. Mas o que classificar como prioritário? Bom, tudo aquilo que, independentemente de qualquer coisa, você precisa fazer naquela semana. Por exemplo, Mariana tem um evento para participar na semana. Perfeito. Mas é vital que naquele evento ela entre em contato com a pessoa X, que pode garantir uma parceria com um hotel de Maceió e, consequentemente, lhe render muitas clientes para o salão. Turistas que, se conhecerem os serviços oferecidos por Mariana, certamente deixarão muito dinheiro em seu caixa. Logo, esse encontro é o que não pode deixar de ser feito. Ou imagine que Rui fará uma viagem para São Paulo durante a semana. E para ele algo fundamental lá é conseguir visitar o local Y, conhecido por oferecer novidades para empresários que trabalham no ramo da alimentação fora de casa e que, por isso, podem garantir diferenciais competitivos para sua lanchonete. Portanto, sempre avalie o que precisa realizar, o que considera importante e que o deixaria muito feliz ao concluir.

Uma prática muito comum é que as pessoas estão o tempo todo terceirizando prioridades. E, muitas vezes, jogando o que é prioritário para elas no colo de outras pessoas. Logo, para você não ser comandado pelos interesses dos outros, é preciso ter muito claro o que importa para você. Anote, escreva, materialize isso. Para não acabar abraçando prioridades alheias que só vão tirar seu foco – das suas coisas e do seu negócio.

Prioridades mensais

Depois de falar das prioridades semanais, tratemos das mensais. Aqui nosso objetivo é um pouco diferente. Nas semanais, temos algo mais emergencial e que demanda um curto espaço de tempo, pois precisa ser feito naquela semana. No caso das mensais, podemos realizá-las de maneira fracionada, ou seja, não precisam ser concretizadas de uma vez. E o que isso quer dizer? Posso ter uma atividade específica e dividi-la. Por exemplo, considerando um mês de quatro semanas, podemos pegar uma prioridade, avaliada como mensal, e fatiá-la em quatro partes. Assim, durante a semana, você vai cuidar das prioridades semanais, mas também terá uma fração da prioridade mensal para realizar. E cada parte dela deve ser concretizada em uma semana. Com isso, você tem um plano muito mais consistente para alcançar seus objetivos.

No entanto, além de listar aquelas duas prioridades semanais, o mínimo, que tratamos anteriormente, ou, no máximo, seis delas, você vai acrescentar ao menos uma mensal. Aconselho que não passe de duas prioridades mensais na sua lista, para não se perder. Fazendo isso, certamente você já terá um conjunto de ações específicas que defendem e atendem os seus interesses. Assim como falamos nas prioridades semanais, pense o seguinte: qual será a minha contribuição semanal que ao final do mês me deixará extremamente satisfeito entre as minhas realizações? Observe este planejamento: Jairo, por exemplo, além das prioridades semanais, colocou como prioridade deste mês encontrar um substituto para Jorge, seu funcionário-problema. Assim, ele fracionou esse objetivo em ações que tocará ao longo das próximas semanas. Irá preparar um *briefing* com o perfil de sua loja e da pessoa que precisa contratar. Depois vai atrás de uma empresa especializada para que cuide do processo de seleção. Também vai programar como fará o desligamento de Jorge. E, consequentemente, o treinamento que terá de dedicar ao novo funcionário ou funcionária. Tudo nascido de um bom planejamento. Vamos a um exemplo prático.

Sempre avalie o que precisa realizar, o que considera importante e que o deixaria muito feliz ao concluir.

PLANO SEMANAL

Segunda- -feira	Terça- -feira	Quarta- -feira	Quinta- -feira	Sexta- -feira	Sábado	Domingo
TAREFAS						
1.						
2.						
3.						
4.						
5.						
6.						

PRIORIDADES DA SEMANA						
1.						
2.						
3.						

PLANO MENSAL

PRIORIDADES	
1.	2.

Tire os obstáculos do caminho

Agora você já tem suas prioridades semanais e mensais. Falemos sobre obstáculos. Como tirá-los do caminho? Ao longo da semana, você terá de encarar dificuldades e, sem perder o foco, livrar-se delas. O que chamamos de obstáculos? Na rotina de um empreendedor, pode ser uma decisão que você tem evitado tomar. Ou algo do qual tem se esquivado. Por exemplo, você talvez tenha de decidir finalizar alguma coisa que está adiando. Ou tenha de dizer algo para alguém e ainda não conseguiu. Ou delegar alguma tarefa. Não importa qual seja a decisão, neste momento precisamos escolher algo que você tem deixado de lado nos últimos tempos. Assuntos que têm sido protelados, procrastinados. E que, claro, vêm afetando os resultados do seu negócio de forma negativa.

E por que chamar de obstáculo aquilo que não fizemos? Porque são coisas que, independentemente de você não executar, perturbam-no mentalmente. É como se esse assunto, isso que você não eliminou, drenasse sua energia ao longo da semana, fosse minando-o, preocupando, exaurindo emocionalmente. Com isso, você sente como se não desse conta de fazer o que precisa ser feito no dia a dia do seu negócio. Por isso é importante você eliminar esses obstáculos de uma vez por todas. Como? Faça o seguinte: liste, mas não se sobrecarregue. Por mais que sejam diversos obstáculos, escolha dois ou três deles. Escolha duas ou três coisas que vem adiando há tempos. E tire isso da frente. Por vezes são decisões difíceis. Ou situações complexas, que podem envolver relacionamento. E, obviamente, não estamos falando de relações amorosas aqui. Pode ser algo ligado a amigos ou a trabalho.

Avalie aquilo que você, de alguma forma, vem procrastinando. Pare, pense e reflita quais são as coisas que, se você tirasse da frente esta semana e resolvesse de uma vez por todas, talvez ficasse muito mais energizado. Que lhe permitiriam ter um foco muito mais eficiente no que você precisa resolver na gestão do seu negócio. Em muitos casos, ao fazer essa análise, você pode encontrar obstáculos que precisam ser retirados, como e-mails que exigiam uma resposta assertiva, mas você deixou na caixa de entrada e não fez nada. Mensagens que você está esperando a hora certa para responder, mas esse momento não veio. Nunca vai acontecer. E por mais que não aconteça, dia após dia, por diversas vezes você se lembra do e-mail. E isso o preocupa ou o chateia.

Tais obstáculos precisam ser eliminados. E resolvidos logo. Para que você possa ter mais energia para se dedicar a suas prioridades – semanais e mensais. Ao caminho para o seu sucesso. Você precisa desse trajeto livre. E de sua energia total. Pense no que você pode retirar esta semana. E tome a decisão de se livrar desses obstáculos.

Finalizar é preciso

Muitas vezes deixamos coisas pelo caminho e elas ficam inacabadas. E isso vai dificultando nosso desenvolvimento. Ou atrapalha nossa evolução dia a dia. Semana a semana, mês a mês, trimestre a trimestre, semestre a semestre. Para um comércio ou serviço, isso pode ser fatal. Também impede que nos aproximemos de nosso objetivo maior. Por isso, nesta semana, faça uma lista com os itens que você precisa finalizar. Pode ser o novo site para divulgar seu negócio, que você começou a montar e não terminou – e isso o está incomodando. Ou a contratação de alguém para ajudá-lo na empresa, processo que você até iniciou, mas não terminou. Talvez você precise acabar aquele levantamento que sabe ser importante para a tomada de decisão do seu negócio, mas que

Pare, pense e reflita quais são as coisas que, se você tirasse da frente esta semana e resolvesse de uma vez por todas, talvez ficasse muito mais energizado.

não foi concluído. Ou aquele plano de negócio que você iniciou, mas deixou de lado.

Muitas vezes os pontos que precisam ser finalizados nessas atividades são coisas que, se você não as concluir, não consegue dar um próximo passo. Mas o que quero dizer com isso? Você consegue subir uma escada pisando apenas no primeiro degrau e já saltando para o último? Óbvio que não. É necessário subir degrau por degrau, sobretudo na rotina de empreendedor. Por isso, tarefas mal-acabadas, largadas pela metade ou apenas iniciadas são como degraus que você deve subir para poder atingir um próximo nível. Para nesse patamar seguinte seguir avançando, progredindo e ascendendo rumo ao topo. Em direção ao seu objetivo.

Por isso é tão importante relacionar quais são as atividades que precisam ser definitivamente terminadas. Crie uma agenda e coloque data e hora de finalização nesta semana. Para que ao longo de um mês você tenha se livrado de diversas coisas que estavam inacabadas. Verdadeiros fantasmas a assombrar as noites de sono de qualquer empresário. Seguindo esse plano todas as semanas, provavelmente, em um curto espaço de tempo, talvez em duas ou três semanas, você já não terá nada por fazer, nada a ser finalizado.

O que é preciso lembrar

Como são muitos os tópicos neste nosso plano, agora é hora de verificar tudo de que você precisa lembrar ao longo desta semana. Por que isso é importante? Quando estabelecemos metas, e começamos a criar cronogramas em nosso negócio, podemos acabar esquecendo algo que era relevante naquela semana. Você vai focar as prioridades semanais ou as mensais e pode deixar passar algo importante. Por exemplo, suponha que haja um evento do qual você vai participar e precisa levar algo indispensável. Pode ser a apresentação da sua empresa, cartões de visita, ou seja, algo que jamais poderia ficar de fora naquela ocasião.

Então, pense: quais são as coisas que você não pode esquecer de maneira alguma esta semana? Talvez em algum momento desses próximos sete dias você fará uma viagem e precisará levar algo extremamente importante com você. Por isso é essencial anotar. Crie uma lista daquilo que você não pode esquecer, como o que precisa levar a um evento ou uma viagem. Os pontos que citei são exemplos relacionados ao lado profissional, já que estamos imaginando a rotina do empreendedor, mas muitas vezes, ao buscar nossos objetivos, acabamos esquecendo as questões pessoais. O aniversário de alguém, uma data de casamento, de noivado, uma data comemorativa, do dia em que você conheceu sua mulher ou seu marido, sua namorada ou seu namorado, o aniversário da sua sogra, não importa. E, por mais que pareça que isso nada tenha a ver com sua rotina como empresário, pode trazer-lhe dores de cabeça que, indiretamente, afetarão seu lado profissional. O que interessa é o que você não pode esquecer nesta semana. Ou melhor dizendo, o que você precisa lembrar. Portanto, tome nota disso para que todas as coisas que você tem estabelecido para fazer esta semana, como prioridades, por exemplo, não acabem lhe tirando essa lembrança. Muitas vezes são coisas importantíssimas, como as citadas aqui, que você de alguma forma vai ter de fazer.

Anule as distrações

Muitas pessoas têm muito claro aonde querem chegar ou o que precisam fazer para isso. Há quem saiba quais são suas prioridades semanais ou mensais. A questão é que no meio desse caminho existem muitas distrações. Atualmente elas estão disfarçadas de muitas maneiras. As mais comuns são as chamadas redes sociais. E você, como empresário, deve lidar com elas ou ter alguma estratégia. Tais distrações muitas vezes roubam o seu tempo ou, nesse caso, de integrantes de sua equipe de colaboradores, e minam totalmente a sua energia. E tempo é um recurso que, uma vez perdido, não é possível recuperar. As redes sociais podem lhe tirar do foco e, assim, fazer com que você ou seus funcionários se percam na jornada rumo aos seus objetivos.

Outra distração são os aplicativos de mensagens. Sejam textos simples ou aqueles grupos com conversas intermináveis. Cada notificação que chega pode sequestrar sua atenção e afastá-lo das suas prioridades do dia ou da semana. A própria internet e a televisão também podem distraí-lo. Por isso, vale observar e criar uma lista com todos aqueles itens que tiram a sua atenção diária. De preferência por períodos. Divida o dia em três partes. Qual é a distração que mais o atrapalha no período da manhã? E à tarde? E qual é o problema, nesse sentido, à noite? Munido dessa lista de distrações, é preciso criar uma estratégia para lidar com cada uma delas. Crie ações que o aproximem de onde você quer chegar.

Por exemplo, supondo que na parte da manhã, por volta de 9h ou 10h, você receba muitas mensagens no seu celular. Muito bem. Se você sabe que isso ocorre nesse horário, o que é possível colocar como tarefa nessa faixa do dia para evitar que as mensagens roubem a sua atenção? Se você fez uma lista de prioridades semanais, veja com qual delas está mais engajado e concentre-se para resolvê-la nesse período da manhã. Se tiver uma ocupação para aquele momento, certamente as notificações não vão distraí-lo. Outro exemplo comum: na parte da tarde você tem a sua atenção roubada por redes sociais. É aquela hora que você entra para ver o que postaram, o que comentaram, que vídeo está bombando, qual é o assunto quente do dia ou da semana, perfeito. Mas você tem uma lista com uma atividade de sua prioridade mensal. Se você entende que entre 15h30 e 16h é o momento em que a rede social mais rouba a sua atenção, coloque tal ação para esse horário.

E, à noite, se quem rouba a sua atenção é a TV, vamos observar o seguinte. O que você tem para finalizar? O que está inacabado? Qual é a ação que você precisa fazer de imediato e que vai aproximá-lo do seu objetivo e se encaixa no horário em que a TV rouba a sua atenção? Esses são alguns exemplos para que você consiga lidar com todas as distrações que aparecem minuto a minuto ao longo da sua vida. Obviamente que neste tópico, tanto no que se refere às redes sociais quanto aos aplicativos de mensagens, o empreendedor precisa deixar bem claro quais são os limites para que seus funcionários cumpram seus afazeres sem distrações para o bem do negócio.

Não perca o foco em você

Vamos falar de você. Talvez soe estranho isso agora. Como assim? Afinal, estamos falando o tempo todo sobre a sua posição, as suas atitudes. De certa forma estamos falando sobre você. Sim e não. Vamos lá. Até aqui falamos sobre os seus objetivos como empreendedor e sobre o seu negócio. Sobre o que você precisa priorizar semanalmente, mensalmente, que foco deve dar, o que terá de resolver ou terminar. Agora, porém, quero falar única e exclusivamente de você. Por que inúmeras pessoas saem de um estado para chegar a outro, mas muitas vezes se perdem ao longo do caminho? Não é porque estão desestimuladas. De jeito nenhum. Nem porque não querem chegar ao estado desejado. Tampouco porque não sabem onde estão ou aonde querem chegar. O que acontece muitas vezes é que a jornada pode ser bem cansativa, ainda mais quando estamos falando de alguém que administra um negócio. Mas, veja, ela pode ser exaustiva, porém o que não pode acontecer é você se esquecer de si mesmo. Sua meta existe e você está fazendo tudo para alcançá-la. No entanto, *você* não pode ser negligenciado. Por quê? Por ser o protagonista dessa trajetória. Portanto, se você se negligenciar, dificilmente se sentirá estimulado a chegar ao seu estado desejado.

Então, vamos pensar juntos: é preciso que, semana a semana, você estabeleça atividades em que será o centro das atenções. O que quero dizer com isso? Planeje uma atividade em que você será o pivô. Você pode estar se perguntando: "Quando estabeleço as minhas prioridades, já não estou sendo o pivô?". Não! Ao defini-las, suas prioridades são o pivô. Da mesma forma com seus objetivos, o seu estado desejado ou as atividades que vai finalizar. Em cada uma dessas escolhas, elas passam a ser o pivô. Quando digo você no centro das atenções, eu me refiro a *você* mesmo. Vejamos nossos personagens como exemplo.

Se Rui decidir que na próxima quarta-feira, às 21h, ele vai ao teatro porque quer relaxar e deseja assistir a uma comédia, um show de stand-up, aí ele estará sendo o centro das atenções. Você já deve ter ouvido que nem só de trabalho vive o homem. Pois bem. É importante que ao longo da jornada você tenha um momento seu. Seja uma peça de teatro, um filme no cinema, jogar futebol com os amigos no domingo de manhã, ou ainda um churrasco com sua família. Você pode tirar algumas horas de um dia da semana para fazer uma massagem ou ir ao cabeleireiro. Enfim, existem diversas atividades que você pode

Tarefas mal-acabadas, largadas pela metade ou apenas iniciadas são como degraus que você deve concluir para poder atingir um próximo nível.

colocar na semana para que seja o centro das atenções. Essa é uma forma de você se retroalimentar e se energizar para chegar aos seus objetivos. Nem que seja uma atividade na semana, em que você seja o foco, o importante é que você faça.

Acelerador de produtividade

Quero falar agora de algumas coisas que talvez você já viva em seu negócio. Seja mensalmente, semanalmente ou até diariamente. Vamos falar de delegar, de dizer não e de fazer algo novo. Entretanto, é preciso explicar o que tudo isso significa ou o que cada um desses pontos representa quando falamos de alcançar os nossos objetivos e fazer isso em um curto espaço de tempo. Muitas pessoas se perdem ao longo de seus dias, em meio às suas atividades, sejam profissionais ou pessoais, porque elas simplesmente não sabem delegar. E quando digo isso significa o seguinte: ao transferir algo para alguém eu acabo acelerando a minha produtividade. Para um gestor, isso pode ser algo bastante benéfico. Recomendo que você aprenda a utilizar essa ferramenta. Portanto, o objetivo desse ponto é falar desses aspectos, mas sempre focado em acelerar a sua produtividade ou o seu desempenho. Pense comigo: o que você pode ou talvez já deveria ter delegado e que vem adiando? Certamente existe alguma atividade que se enquadre nisso.

E quando pensar em delegar, não pense só no ponto de vista profissional. Isso também pode ser feito na esfera pessoal. Talvez haja alguma coisa que você faça que poderia ser passada para um filho, para a própria empregada da sua casa ou transferida para o seu assistente, para o seu cônjuge etc. Que atividade do ponto de vista pessoal você já poderia ter delegado, mas por algum motivo centraliza em si mesmo? Reflita comigo: se passasse isso adiante você conseguiria acelerar a sua produtividade? Sobraria mais tempo para focar em ações que o aproximam do seu objetivo?

Além de saber delegar, o ato de dizer não é valioso. Vital quando se trata de gestão de pessoas e de um negócio. Conheço muitas pessoas que têm uma dificuldade gigantesca de dizer não. E em geral elas dizem muito sim. E, ao fazer isso, em um curto espaço de tempo elas adquirem três problemas. Primeiro: começam a perceber que são uma pessoa só. Segundo: passam a observar que a semana tem apenas sete dias. E, terceiro: verificam que o dia só tem 24 horas. E esses problemas impedem que elas sejam produtivas e focadas em resultados. Muitas vezes, dizer muito sim faz com que você não esteja no centro das atenções.

Tem gente que diz: "Mas se eu disser não para tudo que as pessoas me pedem, não estou sendo egoísta?". Tenho uma frase para sua reflexão: ser egoísta é pensar só em você. Pensar em você primeiro não é egoísmo. É como nos princípios de salvamento em um avião: primeiro coloque a sua máscara e depois ajude os outros. Portanto, lembre-se: dizer não é diferente de ser egoísta. Trata-se de pensar primeiro em você.

Outro ponto importante é quando falamos de fazer algo novo. Quantas vezes, por medo, adiamos o início de algo que precisamos fazer, mas que se trata de uma atividade nova para nós? Talvez façamos isso por não termos muita habilidade ou muito conhecimento sobre aquilo. Atitude que compromete de maneira absurda os nossos resultados. Para um empreendedor, no entanto, fazer coisas novas está na essência da própria função. Para empreender, você terá de ser flexível e aprender sempre algo novo. Com isso, vamos mudar de atitude. Esta semana é a hora de se jogar. Mas fazer o quê? Delegar o que puder ser transferido a outros. Dizer não para o que precisa ser dito. E também é a semana de fazer algo novo. Faça algo que você não tenha feito ainda. Comece agora.

Como revisar seu plano

Vou ajudar você a atingir o seu objetivo. Para isso quero ser o seu *coach*. Você já passou por todos os passos e estruturou seu plano de ação para o alcance de seus objetivos. Agora é hora de fazermos um tratado. À medida que for realizando seus planos e suas ações semanais, você vai voltar a este capítulo e, toda semana, refletir sobre as perguntas que vou lhe fazer agora. A reflexão sobre essas perguntas vai funcionar como um processo de *autofeedback* para você como empreendedor. Para que você vá corrigindo, pontuando, alterando ou até se encorajando a agir cada vez mais no alcance do seu objetivo. Então, lembre-se do nosso combinado: toda semana, após a execução do seu plano de ação, volte até estas páginas e reflita sobre os tópicos que colocarei aqui. O primeiro deles é:

- Você progrediu esta semana?

Essa é a primeira coisa para você saber. Se houve ou não progresso na semana. Depois disso, outras questões:

- Em que especificamente você conseguiu progredir?
- Quais foram as suas vitórias?
- E quais foram os ganhos que você teve esta semana?

É isso que queremos saber. Pense a respeito. Se você executou o plano de ação e não obteve nenhuma vitória, nenhum ganho em seu negócio, tem alguma coisa aí que precisa ser ajustada. Vamos ao próximo tópico:

- Do que você está orgulhoso nesta semana?

Algo que você fez pela primeira vez. Uma realização. Alguma coisa que você entende que será um marco na sua vida. Que vai literalmente definir o antes e o depois da sua gestão. Mais um ponto é:

- Aponte um motivo pelo qual você acredita que mereça receber parabéns.

Imagine que estou do seu lado agora e, ao ouvir você me contando os feitos da semana, eu lhe desse os parabéns. Qual seria o seu feito da semana que faria com que você recebesse meus parabéns? Outro tópico:

- O que você aprendeu nesta semana?

Se você tem motivo para receber parabéns, se tem motivos pelos quais você se sente orgulhoso, certamente você aprendeu alguma coisa esta semana. E o que foi? Que aprendizado você teve como

Muitas pessoas se perdem ao longo de seus dias, em meio às suas atividades, sejam profissionais ou pessoais, porque elas simplesmente não sabem delegar.

empreendedor? Quanto esse aprendizado contribui para o alcance do seu objetivo? O que nos leva a outras perguntas:

- No que você trabalhou pesado?
- O que você poderia ter feito diferente?
- Que outras informações importantes ou realizações você conseguiu superar?
- Em que você considera que está de parabéns sobre a semana inteira?

Essa última questão não é sobre uma ação apenas. Já lhe dei parabéns por aquela outra atividade. Agora eu quero saber o que na semana como um todo é motivo para você receber parabéns. Outros pontos importantes:

- Quem foi ou quem são as pessoas que contribuíram de maneira muito significativa para o alcance do seu objetivo e você gostaria de agradecê-las esta semana?
- O que você poderia fazer diferente na gestão do seu negócio na próxima semana?

Talvez essa última pergunta possa ser respondida com maior facilidade se você pensar sobre o aprendizado que teve. E assim perceber o que pode ser feito de maneira diferente na próxima semana. Pode ser como você decidirá ser ou escolher ser outra pessoa ou alguém que se comporta de maneira diferente. Que se comunica de um modo diferente. Que interage com as pessoas de maneira diferente. Ou que executa seus planos e ações de maneira diferente. Também pode ser uma ação que você vai tomar. Um pensamento que você tem de mudar.

Contudo, deve ser algo inédito. Algo exclusivo para você. Algo que efetivamente vai fazer a diferença para você como gestor e para o seu negócio. E tem de ser algo que você nunca fez. Basta escrever tudo isso e fazer com que aconteça na próxima semana.

E lembre-se do nosso combinado. Na próxima semana, após a realização do seu plano de ação, você vai voltar às páginas deste capítulo e refletir junto comigo sobre todas essas perguntas que acabei de lhe fazer. Certamente elas vão fornecer para você um *autofeedback* que vai mostrar se você está no caminho certo em seu empreendimento, no caminho mais ou menos certo ou se em uma trilha completamente errada. A cada semana, volte aqui e faça essas reflexões. De maneira pontual e assertiva. Invista um tempo. Com papel e caneta reservados. Porque certamente você vai ter *insights* para concluir seu plano de ação na próxima semana de maneira mais assertiva, mais efetiva e, que eu acredito, vai aproximá-lo do seu objetivo. Estamos bem próximos agora do final da nossa jornada. Mas faltam algumas curvas e retas entre você e o seu objetivo maior. Por isso, siga comigo.

Quer mais conteúdo sobre o plano semanal?
Acesse o link abaixo e faça um treinamento gratuito.
http://treinamentos.slacdigital.com.br/plano-inscricao

Capítulo 15

O fim da jornada

Jairo conseguiu, enfim, ampliar sua loja de produtos de limpeza, que agora tem uma clientela cativa. A virada na vida do empreendedor teve início quando ele demitiu Jorge, o funcionário que nada tinha a ver com o negócio. Em seu lugar, colocou Janice, moça que demonstrou ter afinidade com o comércio. Com isso, foi-se o tempo em que ele tinha de fazer tudo sozinho. Antes inseguro, pois não sabia nem por onde começar, percebeu que não há receita de bolo e passou a ser mais assertivo em suas decisões como gestor. O medo de não cumprir prazos e não atender clientes foi desaparecendo aos poucos. Mais consciente do que precisa fazer, também consegue tirar um tempinho para ficar com a família. E planeja até sair de férias e viajar, visto que pode contar com a responsável Janice em sua ausência.

Quem também tem colhido bons frutos é Rui em sua lanchonete. O ex-engenheiro conseguiu ampliar o faturamento de seu negócio, sem aumentar os custos. Tanto que cogita abrir uma segunda unidade e também passar a vender seus sanduíches em outro bairro. O receio das fiscalizações virou coisa do passado, assim como o medo de ficar preso na parte operacional do negócio. Tudo porque ele contratou uma empresa terceirizada para recrutar novos colaboradores, agora alinhados com o que a lanchonete requer. Ao mesmo tempo, Rui não fica mais aflito caso precise dispensar algum funcionário que não esteja cumprindo bem seu papel.

Talvez melhor que Jairo e Rui só mesmo Mariana. Seu negócio cresceu e se multiplicou. Agora ela administra uma clínica de estética e dois salões de beleza em Maceió. E o movimento não para de aumentar. Érica, a sua prima-gerente, não está mais na folha de pagamento. Embora tenha sido difícil demitir a moça, Mariana viu que era o melhor para todos. Sem essa preocupação, ela conseguiu focar o que precisava. Agora, consegue fazer sua clientela perceber o valor do serviço que oferece. Com isso, tem faturado bastante, não há mais nenhuma conta atrasada e, com sua rede indo bem, ela também tem conseguido um bom dinheiro para si. Com o apoio de gente competente no negócio, nunca mais perdeu um evento importante na escola dos filhos. O marido, que a criticara anteriormente, teve de dar o braço a torcer. Mariana virou o que sempre sonhou: uma empreendedora de verdade.

A coragem do empreendedor

Para empreender, como vimos ao longo dos capítulos, é preciso ter a coragem de tomar as atitudes necessárias pelo bem do seu negócio. Foi o que fizeram Jairo, Rui e Mariana. Mas como conseguir tal coragem? Ela nasce da certeza do empreendedor de que lá no início fez um planejamento claro do que é o seu negócio. Para isso, ele começou separando o que era sonho e o que era possível monetizar. Isso determinou as trilhas que ele teria de cumprir.

Em paralelo, ele traçou uma rota de autodisciplina e aprendeu o perfil de cada uma das pessoas que estavam envolvidas dentro desse negócio, incluindo o potencial, a competência e as características delas. E passou a fazer escolhas com base nesses dados, sendo, assim, muito mais assertivo. É esse poder de síntese e de análise de cada um desses pontos que o gestor precisa desenvolver para ter a firmeza de fazer suas escolhas e saber que elas são corretas.

Muitas vezes uma pessoa deixa de tomar uma decisão por não ter coragem. No entanto, a falta de determinação não é causa, é efeito. É resultado da incerteza, de não se ter convicção da escolha que está sendo feita. Sem essa certeza, falta coragem para tomar decisões.

Muitas vezes uma pessoa deixa de tomar uma decisão por não ter coragem. No entanto, a falta de determinação não é causa, é efeito.

Contudo, quando a pessoa tem um mapa definido, tem sua estratégia de disciplina semanal clara, conhece cada uma das pessoas, com suas competências e seus perfis, toma a decisão de maneira assertiva. Não falta coragem. Por isso, precisa desses dados. A incerteza vem por falta de discernimento do que é certo e errado dentro desse processo. Ou do que efetivamente está acontecendo. É a falta de clareza por parte do empreendedor.

Ficção bem real

Em nossa viagem, por meio das páginas deste livro, você teve a oportunidade de acompanhar os dilemas e deslizes dos empreendedores Jairo, Rui e Mariana. Embora personagens fictícios, os três apresentaram receios e desafios que fazem parte do cotidiano de muitos gestores e empresários de carne e osso. Seja a insegurança por não saber nem por onde começar ou o temor de perder clientes. O pesadelo de não conseguir cumprir prazos ou de receber uma multa que ameace seu negócio, em caso de uma fiscalização. A angústia de não saber aumentar o faturamento sem ampliar os custos ou de ser cobrado pela família para tirar férias ou um tempo longe do trabalho. Ou a preocupação de ter muitas contas atrasadas ou de não conseguir fazer com que o cliente enxergue o valor de seu produto e serviço. A agonia de faturar e faturar, mas não ver sobrar dinheiro algum ou de perder eventos familiares, como a festa escolar de um filho, por causa de compromissos profissionais. A decepção em ver que o seu funcionário não faz o que você precisa e, com isso, você acaba fazendo tudo sozinho, ou de saber que o seu gerente não tem cabeça de dono. Enfim, trata-se de uma pequena amostra das inúmeras adversidades que podem acompanhar quem busca a trilha do empreendedorismo.

Mas, como você também pode verificar, existem muitas estratégias e técnicas que permitem a remoção de obstáculos ou o desvio deles em sua caminhada. Para que cada dificuldade seja percebida, analisada e enfrentada, assim como para trazer aprendizados que o levarão para onde você quer chegar. A distância que o separa daquilo que você almeja é menor quando há autoconhecimento e busca pelo desenvolvimento pessoal. E fica ainda mais curta quando você consegue reconhecer o seu estilo e o daqueles que estão ao seu redor. Consciente de seus pontos fortes e fracos, você tende a melhorar sua performance, pois potencializa aquilo em que é bom e rende mais. De modo similar, ao entender o perfil de cada um dos seus colaboradores, você consegue fazer com que eles também melhorem.

Por isso, sempre que possível não desconsidere ampliar esse conhecimento. Invista nisso, pois, quanto mais você souber de si, das características positivas e negativas de quem está ligado ao seu negócio, e como fazer para combinar melhor essas qualidades e reduzir atritos, mais perto do sucesso você estará. Para aprofundar o conhecimento do seu negócio, lembre-se de que você deve entender de gente. Seja compreender melhor seu cliente e os anseios dele, ou aprender mais com seus colaboradores, ou ainda olhar para si mesmo. E para conhecer melhor o ser humano, essa criatura tão complexa, é necessário ter boa dose de sensibilidade, estar atento e querer verdadeiramente conhecer suas demandas em seus graus mais diversos.

Em paralelo, além de desenvolver esse estilo empreendedor, esse autoconhecimento, é necessário fazer a lição de casa na hora de administrar seu negócio. Espero que as dicas práticas que apresentei o ajudem a alcançar cada objetivo com mais rapidez e eficácia. Para isso, capriche no foco, melhore sua disciplina e dedique-se à execução. E tenha este livro como um guia, para consultar de tempos em tempos,

Quanto mais você souber de si, das características positivas e negativas de quem está ligado ao seu negócio, e como fazer para combinar melhor essas qualidades e reduzir atritos, mais perto do sucesso você estará.

olhando novamente cada ensinamento e cada dica. O Jogo das Metas e o Plano Semanal estão em suas mãos, coloque todos os passos em prática. Indique essas técnicas para quem você julgar que também precisa de uma ajuda para atingir aquilo que deseja. Multiplique a esperança de que cada um pode chegar aonde quer.

Nosso mundo precisa de pessoas que se sintam inspiradas a doar o seu melhor. Motivadas a mudar as coisas para si e para as próximas gerações com mais consciência e preocupação sincera. Por isso, faça a sua parte. Inspire-se e motive-se. Para que sua história e trajetória de sucesso também possa servir de inspiração e motivação para quem estiver ao redor. Por dias melhores, negócios mais recompensadores, pessoas mais felizes ao desempenhar suas funções. Enfim, por uma sociedade e por um mundo mais desenvolvidos. São coisas indissociáveis.

Por fim, acredite sempre em você. Este livro foi escrito com o objetivo de ajudá-lo a se conhecer melhor, se desenvolver continuamente e também para compartilhar com você técnicas que o levem ao sucesso. Seu e do seu negócio. Espero que você tenha aproveitado a leitura durante nosso percurso, tenha se identificado com nossos personagens empreendedores e conquiste tudo aquilo que almeja. Nos encontraremos numa próxima jornada. Até lá.

Este livro foi impresso pela Gráfica Rettec
em papel Lux Cream 70g.